Wally Santos

O QUE TORNA UM
POLICIAL DESPREZADO?

SUMÁRIO

INTRODUÇÃO 5
CORRUPÇÃO 8
ABUSO DE PODER 13
FALTA DE EMPATIA 17
IMPULSIVIDADE 22
PRECONCEITO 27
FALTA DE RESPEITO AOS DIREITOS HUMANOS 32
AUSÊNCIA DE ÉTICA 37
DESONESTIDADE 42
FALTA DE DISCIPLINA 46
INTOLERÂNCIA À CRÍTICA 51
FALTA DE AUTOCONTROLE 55
NEGLIGÊNCIA 60
CONIVÊNCIA COM O CRIME 65
INSUBORDINAÇÃO 69
IRRESPONSABILIDADE 73
FALTA DE COMUNICAÇÃO 78
INDIFERENÇA 83
AGRESSIVIDADE 88
DESLEIXO 92

PREGUIÇA 96
FALTA DE PREPARAÇÃO 100
PROCRASTINAÇÃO 104
ARROGÂNCIA 108
INDIVIDUALISMO 112
APATIA 116
SENSO DE JUSTIÇA DISTORCIDO 120
IGNORÂNCIA DAS LEIS 124
DESCOMPROMISSO 128
FALTA DE CONFIANÇA 132
MÁ INFLUÊNCIA 136
CONCLUSÃO 140
BIBLIOGRAFIA 143
SOBRE O AUTOR 146

"Dois pesos e duas medidas, uns e outras são abomináveis ao Senhor".

Provérbios, 20: 10

INTRODUÇÃO

O que Torna um Policial Desprezado? é o segundo e derradeiro volume da série que busca, de maneira profunda e crítica, analisar o impacto das atitudes e comportamentos negativos de um policial na sua imagem pública e no relacionamento com a sociedade. Após termos explorado, no primeiro livro, as virtudes e qualidades que fazem um policial admirado e respeitado, chegamos agora à reflexão sobre o oposto: aquilo que pode transformar um agente da lei em alvo de desprezo, desconfiança e até hostilidade por parte da comunidade. Este volume, longe de ser um simples elenco de falhas, é uma análise impreterível e enriquecedora, que visa não só a identificação das atitudes que geram danos à imagem da polícia, mas também um convite ao processo de autocorreção, reflexão e amadurecimento dos próprios profissionais da segurança pública.

Enquanto *O que Torna um Policial Admirado?* discutiu as virtudes que devem ser cultivadas por um policial para ser efetivo em sua função e respeitado pela sociedade, *O que Torna um Policial Desprezado?* nos coloca diante das atitudes e comportamentos que prejudicam essa imagem e comprometem a confiança da população. Aqui, exploram-se as armadilhas que podem minar a credibilidade de qualquer policial, como a arrogância, a corrupção, o abuso de autoridade, a falta de empatia e o desinteresse pelo bem-estar da comunidade. São traços que, muitas vezes, surgem de forma gradual, mas que, uma vez presentes, têm o poder de corroer a confiança de maneira irreversível. A obra nos lembra que, como agentes do Estado, os policiais não são apenas avaliados pelas suas ações durante o serviço, mas também pela sua postura ética e moral em todos os aspectos de sua vida.

Este volume é mais do que uma crítica; é um alerta para todos aqueles que desejam preservar a honra e a credibilidade da profissão policial. Ao invés de apontar falhas de maneira punitiva, o autor procura proporcionar uma reflexão construtiva sobre como esses comportamentos podem ser evitados e corrigidos, promovendo uma atuação mais justa e humana. Para tanto, o livro analisa cada um desses comportamentos de forma detalhada, destacando as consequências não apenas para o policial, mas para a instituição da qual ele faz parte e, principalmente, para a comunidade que depende da sua atuação.

A leitura de *O que Torna um Policial Desprezado?* não se limita a ser uma crítica ao policial individualmente, mas amplia sua reflexão para os aspectos institucionais e sociais que permitem ou encorajam tais atitudes. Muitas vezes, a falta de empatia, o abuso de poder e a corrupção estão relacionados a fatores sistêmicos que exigem um esforço coletivo para serem combatidos. Este livro, portanto, também é um convite ao entendimento de como a construção de uma cultura organizacional ética dentro das forças de segurança pode ser determinante para que as falhas individuais sejam evitadas e, quando presentes, corrigidas.

Em sua essência, *O que Torna um Policial Desprezado?* não se destina a desqualificar a profissão policial, mas sim a reforçar a importância de um comportamento ético e transparente para o sucesso da atuação policial e para a confiança pública. Ele fornece uma análise crucial sobre os perigos de atitudes que podem minar a credibilidade não apenas de um agente individual, mas de toda a corporação, afetando o papel vital que a polícia desempenha na manutenção da ordem e na proteção da sociedade. Ao destacar os vícios que devem ser evitados, o livro se torna uma ferramenta de autoavaliação e um guia para a construção de uma polícia mais íntegra, respeitável e eficiente.

É importante lembrar que este volume deve ser lido em conjunto com o primeiro livro da série, *O que Torna um Policial Admirado?*, para que o leitor tenha uma visão completa e equilibrada sobre a profissão policial. Enquanto o primeiro volume aborda as qualidades que devem ser cultivadas, este segundo livro oferece uma reflexão sobre os erros que podem ser evitados. Juntos, esses dois livros oferecem uma compreensão holística e profunda da profissão, mostrando que a excelência policial não está apenas em cumprir os deveres de forma técnica e eficaz, mas também em cultivar um caráter ético e em manter a confiança da sociedade em todo momento.

Assim, a leitura de *O que Torna um Policial Desprezado?* torna-se não apenas um estudo sobre o que um policial deve evitar em seu comportamento, mas uma jornada de autoconhecimento e de melhoria contínua, tanto para os policiais quanto para a sociedade. Através da reflexão sobre os erros que prejudicam a imagem da polícia, este livro é um convite para que a corporação e seus membros se comprometam a construir um ambiente de respeito mútuo, de justiça e de ética, contribuindo para uma polícia mais respeitada, eficaz e alinhada aos mais altos padrões de humanidade e justiça social.

Em última instância, *O que Torna um Policial Desprezado?* é uma obra indispensável para todos aqueles que desejam compreender a complexidade da profissão policial e a importância de cultivar, em todos os momentos, a confiança da sociedade. Ao oferecer uma análise detalhada dos comportamentos que podem prejudicar a imagem da polícia e da figura do policial, este volume complementa o primeiro, proporcionando ao leitor a oportunidade de refletir sobre o impacto de suas ações e sobre o papel fundamental que a ética e a transparência desempenham na construção de uma instituição policial respeitada e digna de confiança.

CORRUPÇÃO

A corrupção é um dos maiores flagelos que pode acometer qualquer instituição, e quando se trata da polícia, as consequências desse mal são ainda mais devastadoras. A polícia é uma das instituições mais importantes de uma sociedade, com a responsabilidade de proteger e garantir os direitos dos cidadãos. Ela deve ser um pilar de justiça e ordem, sendo uma representação da lei e da moralidade. No entanto, quando a corrupção toma conta dessa instituição, ela não só enfraquece os fundamentos do Estado de Direito, como também alimenta um ciclo de impunidade e desconfiança que pode se perpetuar por gerações. A corrupção no meio policial não é apenas uma falha de caráter de alguns indivíduos, mas um problema sistêmico que compromete toda a confiança da sociedade nas forças de segurança e coloca em risco a própria segurança pública.

Primeiramente, é fundamental entender que a corrupção policial não se limita ao recebimento de subornos ou à omissão em investigações. Ela pode se manifestar de diversas formas, desde o favorecimento de criminosos em troca de favores, até a manipulação de provas, a proteção de quadrilhas, o abuso de poder e o uso indevido da autoridade para fins pessoais. Essa variedade de ações corruptas não apenas compromete a justiça e a eficácia das ações da polícia, mas também impede que os cidadãos vejam as forças policiais como uma instituição confiável. Em uma sociedade onde a polícia deixa de ser sinônimo de justiça e passa a ser vista como uma extensão da corrupção e do crime, o sistema de segurança pública falha em seu papel essencial de proteger a população.

A corrupção no campo policial também tem um impacto devastador sobre a confiança pública nas instituições do Estado. Um dos pilares fundamentais da democracia é a confiança que a população deposita nas instituições que têm a responsabilidade de servir e proteger a sociedade. Quando os cidadãos começam a perceber que aqueles que deveriam estar cumprindo a lei são, na verdade, os primeiros a violá-la, a relação entre a polícia e a comunidade começa a ruir. A corrupção policial gera um ciclo vicioso no qual a confiança do público na polícia se deteriora. Isso gera uma onda de desconfiança generalizada, o que dificulta o trabalho dos policiais honestos e torna mais difícil o combate ao crime. A população, temerosa de ser prejudicada por uma instituição corrupta, tende a se afastar da polícia, o que pode resultar em uma diminuição das denúncias e da cooperação entre os cidadãos e os órgãos de segurança pública.

Além de minar a confiança pública, a corrupção dentro da polícia afeta diretamente a eficácia das ações de segurança. Quando a polícia se corrompe, ela não está mais cumprindo seu papel de servir e proteger, mas sim de proteger seus próprios interesses ou os interesses de grupos criminosos. Em uma instituição onde a corrupção se estabelece como uma prática corriqueira, as investigações são prejudicadas, as provas podem ser manipuladas ou ocultadas e as ações de segurança tornam-se desleixadas e ineficazes. Isso, em muitos casos, permite que criminosos escapem impunes, que delitos sejam abafados e que as vítimas da criminalidade fiquem desamparadas. A presença de policiais corruptos desvirtua completamente o conceito de justiça e impede que o trabalho da polícia seja realizado com a diligência, a competência e a seriedade que a função exige. O sistema de justiça, que depende de um trabalho eficaz das forças policiais para funcionar adequadamente, também sofre as consequências desse desvirtuamento.

Em um cenário em que a corrupção se torna sistêmica dentro da polícia, a moral da instituição começa a se deteriorar. A corrupção, ao ser normalizada ou aceita como parte do processo, cria uma cultura onde os policiais honestos se sentem desmoralizados, fragilizados e muitas vezes impotentes para combater o sistema de corrupção ao seu redor. Quando as autoridades superiores não tomam medidas enérgicas para erradicar a corrupção ou mesmo fecham os olhos para suas práticas, a cultura de impunidade se instala, enfraquecendo o sentido de responsabilidade e ética que deveria permear a atuação de cada policial. O policial que entra para a profissão com o desejo de fazer a diferença pode, ao longo do tempo, ser tentado ou pressionado a se corromper, seja por uma oportunidade ilícita que surge, seja por um ambiente de trabalho onde a corrupção é vista como a norma.

Esse ciclo vicioso alimenta a perpetuação da corrupção dentro da corporação, dificultando a implementação de reformas e medidas de controle. Quando a corrupção se instala, é difícil para a polícia realizar qualquer tipo de reforma estrutural ou mudança significativa que possa melhorar a instituição. A resistência à mudança se torna um mecanismo de defesa para aqueles que têm interesse em preservar o sistema corrupto. Essa resistência não se limita apenas aos policiais de baixo escalão, mas pode também se estender a autoridades superiores que se beneficiam do *status quo* ou que simplesmente não querem enfrentar o peso das mudanças necessárias. Como resultado, o sistema policial se torna uma máquina burocrática e ineficaz, onde a honestidade e o comprometimento com a justiça são vistos como obstáculos a serem superados, e não como valores a serem preservados.

A corrupção policial também pode ter um efeito de longo alcance sobre o sistema judicial. Em uma sociedade onde a corrupção policial é um problema endêmico, a própria justiça pode se tornar distorcida. A corrupção dentro da polícia pode afetar a coleta e análise de provas, a integridade das investigações e até mesmo a imparcialidade de todo o processo judicial. Um policial corrupto pode, por exemplo, alterar ou omitir informações cruciais que comprometem a verdade, favorecendo os criminosos ou manipulando o resultado do julgamento. Isso enfraquece a própria ideia de justiça, pois aqueles que cometem infrações penais podem escapar impunes ou receber tratamento privilegiado. Ao prejudicar o sistema judicial, a corrupção policial cria um cenário de insegurança jurídica, no qual a população perde a confiança no próprio funcionamento da justiça, o que pode resultar em um aumento na criminalidade e na percepção de que a impunidade é garantida.

Além disso, a corrupção policial tem consequências econômicas sérias. O recurso público destinado à segurança, ao treinamento e ao pagamento dos policiais, ao ser desviado ou mal administrado devido à corrupção, não só prejudica a eficiência do serviço, mas também gera um desperdício de recursos valiosos que poderiam ser investidos em melhorias nas condições de trabalho e no desenvolvimento de políticas públicas de segurança mais eficazes. O custo da corrupção é invisível em termos financeiros, mas imensurável em termos sociais e econômicos. O uso indevido de recursos públicos, os custos de processos judiciais e investigações internas, e os danos à imagem institucional geram um cenário onde o dinheiro que deveria ser usado para melhorar a segurança da população acaba sendo desperdiçado.

Um outro aspecto importante da corrupção policial é que ela pode levar ao envolvimento de policiais em outras atividades criminosas, como o tráfico de drogas, a extorsão ou a prática de violência injustificada contra cidadãos inocentes. A corrupção cria um espaço onde esses comportamentos podem florescer, já que o policial corrupto, ao não ser responsabilizado por suas ações, se sente livre para violar os direitos dos outros sem medo de punição. Em alguns casos, a corrupção leva ao envolvimento de policiais com organizações criminosas, tornando-se uma peça chave em esquemas ilícitos que podem afetar a integridade de toda uma região ou cidade. Esse envolvimento pode ter efeitos devastadores na segurança pública, gerando uma violência generalizada e uma sensação de vulnerabilidade nas comunidades, que passam a viver sob o medo não só dos criminosos, mas também de quem deveria estar protegendo a ordem.

Por fim, a corrupção policial é um mal que corrói os alicerces da democracia e dos direitos humanos. Ela transforma os guardiões da ordem em agentes de opressão e abuso de poder, impedindo que a justiça seja feita e prejudicando aqueles que mais precisam de proteção. A única forma de combater efetivamente a corrupção dentro da polícia é por meio de um sistema rigoroso de fiscalização, responsabilização e uma cultura organizacional que valorize a ética, a transparência e o respeito aos direitos dos cidadãos. O combate à corrupção policial exige coragem, compromisso e a construção de um ambiente onde o policial honesto não só é protegido, mas valorizado, e onde a impunidade nunca seja uma opção. Somente assim, será possível restaurar a confiança da população na polícia e garantir que ela cumpra seu papel essencial de proteger a sociedade de maneira justa e responsável.

ABUSO DE PODER

O abuso de poder dentro de uma instituição policial representa uma das mais sérias falhas de caráter que um agente de segurança pode cometer. Ele não é apenas uma violação dos direitos dos indivíduos diretamente afetados, mas também uma distorção dos princípios fundamentais da função policial, que deveria ser pautada pela justiça, pela proteção e pelo respeito aos direitos humanos. O policial, como agente do Estado, deve agir com imparcialidade e responsabilidade, utilizando sua autoridade apenas para garantir a ordem e a segurança da sociedade. Quando essa autoridade é usada de forma abusiva, o policial não apenas trai a confiança da população, mas também compromete o próprio sistema de justiça, criando um ciclo de violência, impunidade e desconfiança.

O abuso de poder por parte de policiais se manifesta de diversas formas, sendo uma das mais comuns o uso excessivo de força. Em situações em que a resposta da polícia deveria ser proporcional à ameaça, muitos agentes de segurança recorrem ao uso desmedido da força física, muitas vezes sem justificativa ou sem a tentativa de resolver a situação de forma pacífica. Isso pode incluir desde o uso de técnicas violentas de imobilização até espancamentos, tortura psicológica ou até mesmo execuções extrajudiciais. Essas ações não só ferem fisicamente as vítimas, mas também violam os princípios da dignidade humana, que são fundamentais para qualquer sociedade democrática. Quando o abuso de poder é cometido, o policial não apenas agride o corpo da vítima, mas também agride sua liberdade, seu direito de ser tratado com respeito e de viver sem medo da violência institucionalizada.

Além do uso excessivo da força, o abuso de poder também pode se manifestar através de práticas como a extorsão, o racismo institucional, a corrupção e a discriminação. Um policial que se utiliza de sua posição para obter vantagens pessoais, seja através de subornos, ameaças ou manipulação de provas, está pervertendo a função que lhe foi confiada. A extorsão, por exemplo, ocorre quando um policial usa sua autoridade para obrigar indivíduos a pagar por sua liberdade ou para encobrir crimes, enquanto o racismo institucional acontece quando policiais tomam decisões baseadas em preconceitos raciais, atacando sistematicamente certos grupos étnicos ou sociais. Esses comportamentos não são apenas imorais, mas também prejudicam a eficácia da polícia em combater a delinquência, pois desviam os recursos e os esforços da verdadeira missão institucional: a de garantir a segurança de todos os cidadãos, sem distinção.

A corrupção, como parte do abuso de poder, é um fator especialmente insidioso dentro de qualquer instituição pública, mas na polícia sua magnitude se torna ainda mais preocupante. Quando um policial ou uma instituição policial se corrompe, ele não apenas nega sua função de serviço público, mas também prejudica a própria segurança da sociedade, permitindo que criminosos escapem da justiça e que atividades ilícitas continuem sendo praticadas sem o devido controle. A corrupção dentro da polícia mina a confiança do público nas instituições, criando um ciclo no qual as vítimas de abuso não se sentem motivadas a denunciar, pois acreditam que as investigações serão manipuladas ou abafadas, em benefício dos envolvidos na corrupção.

O efeito mais imediato e devastador do abuso de poder é, sem dúvida, a perda de confiança pública. A polícia, que deveria ser uma instituição em que os cidadãos pudessem confiar para resolver seus problemas, muitas vezes se transforma em um agente de opressão. Esse afastamento entre a polícia e a população é uma das consequências mais trágicas de um comportamento abusivo dentro da corporação, pois prejudica a eficácia das ações policiais. A cooperação da população com a polícia é essencial para a realização de investigações bem-sucedidas, a resolução de delitos e a manutenção da ordem pública. Quando os cidadãos começam a ver os policiais como inimigos ou opressores, a probabilidade de colaboração diminui, e a polícia fica cada vez mais isolada em sua missão. Em situações extremas, isso pode levar ao colapso da confiança social, criando uma atmosfera de desconfiança, hostilidade e violência, o que agrava ainda mais os problemas de segurança pública.

Em um nível mais profundo, o abuso de poder também perpetua uma cultura de impunidade dentro da corporação policial. Quando um policial comete abuso e não é responsabilizado adequadamente, isso cria uma sensação de que certos agentes estão acima da lei. A impunidade gera um ambiente de complacência, onde os policiais que seguem a lei e cumprem seu dever se tornam minoria, e aqueles que abusam de sua autoridade se sentem protegidos ou até incentivados a continuar suas práticas. A cultura de impunidade, portanto, não só afasta a população, como também enfraquece a própria moral da corporação, tornando difícil a implementação de reformas ou de melhorias dentro da instituição.

Por outro lado, quando a responsabilidade e a prestação de contas são negligenciadas, o abuso de poder também contribui para a perda de legitimidade das instituições públicas. Uma polícia que permite abusos sem consequências acaba por se tornar uma força de opressão, o que mina a confiança da sociedade em todas as suas instituições. A percepção de que a justiça não é imparcial, que alguns estão acima da lei e que os abusos serão tolerados, destrói o alicerce de uma democracia sólida. A desconfiança nas instituições policiais pode gerar um efeito cascata, afetando a confiança em outras instituições do Estado, como o Judiciário e o Legislativo. Isso enfraquece a coesão social e contribui para um clima de desintegração da ordem democrática, onde os valores fundamentais de liberdade, justiça e igualdade são postos em xeque.

Além dos danos sociais e institucionais, o abuso de poder por parte da polícia tem também efeitos devastadores para as vítimas individuais. Aqueles que sofrem abuso policial frequentemente lidam com traumas psicológicos profundos, como o medo, a desconfiança e, em casos mais graves, o transtorno de estresse pós-traumático. Esses indivíduos muitas vezes se sentem isolados, sem poder recorrer à própria polícia para buscar justiça, criando um ciclo de sofrimento e desesperança. O medo de represálias impede muitos de procurar os canais legais adequados para denunciar o abuso, e as vítimas acabam vivendo à margem da sociedade, sem que suas vozes sejam ouvidas. Além disso, o abuso de poder pode deixar marcas duradouras, não apenas nos indivíduos afetados, mas em toda a comunidade, que passa a se sentir vulnerável e impotente em face de um sistema policial que não funciona a seu favor.

O abuso de poder também tem implicações econômicas e jurídicas, especialmente quando as vítimas buscam reparação por danos sofridos. As corporações policiais, em muitos casos, precisam arcar com custos elevados relacionados a processos judiciais, indenizações e acordos legais. Isso representa um desvio de recursos que poderiam ser melhor aplicados na melhoria das condições de trabalho e treinamento dos policiais, ou na implementação de políticas públicas mais eficazes de segurança. Ademais, o mau uso de recursos destinados ao combate à criminalidade, em favor de interesses pessoais ou corruptos, prejudica a própria eficiência da polícia, comprometendo a segurança pública e gerando um ambiente onde a criminalidade prospera.

Em suma, o abuso de poder dentro da polícia não é apenas uma falha moral e ética de um indivíduo, mas um problema sistêmico que afeta profundamente a confiança pública, a eficácia das operações policiais e a justiça social. Para erradicar esse mal, é necessário um compromisso intransigente com a transparência, a responsabilidade e a promoção de uma cultura institucional que valorize o respeito aos direitos humanos e a dignidade de todos os cidadãos. É imprescindível que as autoridades responsáveis pela supervisão da polícia adotem medidas rigorosas para prevenir o abuso de poder, punir severamente os responsáveis e, acima de tudo, garantir que os agentes da segurança pública sejam formados e capacitados de acordo com os mais altos padrões de ética e respeito à lei. Somente assim será possível restaurar a confiança da população na polícia, preservar a ordem pública e garantir que a segurança seja um direito de todos, e não uma ameaça à liberdade e à dignidade de qualquer cidadão.

FALTA DE EMPATIA

A falta de empatia é um dos maiores desafios dentro da atuação policial, sendo uma falha que reverbera não apenas nas relações interpessoais entre policiais e cidadãos, mas também nos princípios éticos fundamentais que sustentam a função de proteção e justiça. A empatia, enquanto a capacidade de se colocar no lugar do outro, de entender e, até certo ponto, compartilhar seus sentimentos e perspectivas, deveria ser uma característica intrínseca a qualquer policial que almeja exercer sua profissão com integridade, eficácia e humanidade. A ausência dessa habilidade, por outro lado, compromete a qualidade do trabalho, a confiança da comunidade e até a moral do próprio agente, gerando um ciclo de desconfiança, violência e falhas no sistema de justiça.

Em um cenário ideal, a empatia permite que o policial perceba a complexidade de cada situação em que se envolve, reconhecendo que por trás de cada indivíduo abordado existe uma história, uma série de circunstâncias e, muitas vezes, um sofrimento invisível. Em sua essência, a empatia faz com que o policial compreenda que, antes de qualquer julgamento, antes de qualquer ação, é essencial olhar para a humanidade do outro. Ao invés de tratar os cidadãos como números ou objetos, como simples alvos de investigações ou prisões, a empatia impulsiona o policial a adotar uma abordagem mais humanizada, tratando cada ser humano com a dignidade que ele merece, independentemente de sua origem, classe social ou situação momentânea.

Quando o policial se distancia dessa perspectiva empática, o impacto é profundo. Ao abordar um cidadão, por exemplo, um policial que carece de empatia pode, de imediato, ver o outro como uma ameaça ou como um criminoso, sem sequer tentar compreender o contexto da pessoa em questão. Esse tipo de mentalidade, se não combatido, pode levar a uma série de abordagens desproporcionais, agressivas e, muitas vezes, ilegais. O uso excessivo de força, a negligência na aplicação de protocolos adequados de atendimento e a falta de sensibilidade para com o sofrimento do outro são consequências naturais dessa falta de empatia. Em um cenário de abordagem policial, o policial que não consegue se conectar emocionalmente com a pessoa abordada pode exacerbar uma situação potencialmente pacífica, escalando um conflito de maneira desnecessária e muitas vezes fatal. A empatia, por sua vez, poderia atuar como um elemento desescalador, fazendo com que o policial agisse com mais paciência, escuta e compreensão.

Além disso, a falta de empatia tem um papel significativo na construção de um ambiente de hostilidade, tanto dentro quanto fora da corporação policial. Quando a empatia está ausente, o policiamento torna-se uma operação impessoal, onde a relação entre os agentes e a comunidade se transforma em uma batalha, onde os cidadãos são vistos como oponentes e não como aqueles que precisam de proteção, orientação e suporte. Esse tipo de mentalidade prejudica não apenas o relacionamento da polícia com a sociedade, mas também a relação entre os próprios policiais. Dentro da corporação, a ausência de empatia pode gerar uma atmosfera de competição desleal, exclusão e desconfiança. Policiais que não se sentem emocionalmente apoiados por seus colegas podem se tornar mais propensos ao isolamento, à falta de colaboração e ao aumento do estresse profissional, o que, inevitavelmente, compromete a eficácia do trabalho coletivo.

A falta de empatia também contribui diretamente para um ciclo de injustiça social. Quando os policiais não conseguem perceber as dificuldades e as vulnerabilidades sociais das pessoas que abordam, eles podem reagir de maneira insensível, desrespeitosa e até opressiva. Isso é especialmente visível em situações que envolvem indivíduos em situação de vulnerabilidade, como moradores de rua, pessoas com transtornos mentais, vítimas de violência doméstica ou pessoas pertencentes a minorias raciais ou étnicas. Sem a empatia, o policial tende a reduzir esses indivíduos a simples casos de infração, ignorando as causas subjacentes dos comportamentos e as realidades que os levaram a tais situações. Em vez de adotar uma postura de ajuda e orientação, o policial pode tratá-los com desprezo, preconceito ou até violência. Em muitos casos, a falta de empatia se traduz em discriminação e racismo sistêmico dentro das instituições policiais, criando um ambiente de injustiça que apenas perpetua o ciclo de desigualdade.

Esse tipo de abordagem não afeta só os indivíduos diretamente envolvidos, mas também mina a confiança da comunidade nas instituições de segurança pública. Em um cenário onde os cidadãos não se sentem compreendidos ou respeitados pela polícia, a disposição de cooperar com a lei diminui drasticamente. Esse distanciamento emocional gera um muro invisível entre as forças de segurança e a população, tornando mais difícil o trabalho policial e resultando em uma maior criminalidade e ineficiência. Quando a comunidade sente que está sendo tratada de forma desumana ou indiferente, ela se fecha, tornando-se mais resistente à colaboração com os policiais, o que impede o compartilhamento de informações e a construção de uma rede de segurança comunitária. A confiança entre a população e a polícia é um bem precioso, e quando a empatia não é cultivada, essa confiança é destruída.

Além do mais, a falta de empatia compromete seriamente o trabalho investigativo. Em uma investigação criminal, especialmente aquelas que lidam com crimes violentos ou de difícil resolução, é fundamental que os policiais possam se conectar com as vítimas e testemunhas, para que estas se sintam confortáveis e dispostas a cooperar. A empatia ajuda a criar um ambiente de apoio, onde as vítimas podem se expressar sem medo de serem julgadas ou desrespeitadas. Sem empatia, no entanto, o policial pode ser indiferente ou até insensível ao sofrimento das pessoas, o que pode resultar em falhas no processo investigativo, como a desconfiança das vítimas, a coleta inadequada de provas ou até o abandono de casos. A empatia não só ajuda na construção de uma narrativa justa, mas também garante que o processo de investigação seja mais humano e eficaz, proporcionando melhores resultados para a justiça.

No contexto do policiamento comunitário, a falta de empatia torna ainda mais difícil o sucesso de programas que visam estreitar laços entre a polícia e as comunidades. O policiamento comunitário busca envolver os cidadãos na solução de problemas de segurança, criando um vínculo baseado na confiança e no respeito mútuo. Para que isso aconteça, é primordial que o policial compreenda as necessidades da comunidade e se engaje de forma ativa e respeitosa. Quando a empatia está ausente, essa aproximação torna-se impossível, e a polícia passa a ser vista como uma força opressora, em vez de uma instituição protetora. O sucesso das políticas de policiamento comunitário depende de uma construção de relacionamentos sólidos e de uma comunicação aberta, algo que só é possível quando a empatia é priorizada tanto no treinamento quanto nas práticas diárias de trabalho.

A falta de empatia no policial também prejudica a capacidade de reconhecer e lidar com situações de estresse e trauma, tanto nos outros quanto em si mesmo. Em uma profissão que lida com a violência, o crime e o sofrimento humano todos os dias, a carga emocional pode ser avassaladora. A empatia é, nesse sentido, uma ferramenta vital para o autoconhecimento e para o apoio emocional entre os policiais. Aqueles que não têm a capacidade de se colocar no lugar dos outros, nem de reconhecer suas próprias limitações emocionais, são mais propensos a desenvolver estresse pós-traumático e outros problemas de saúde mental, o que impacta diretamente na qualidade de seu trabalho. A empatia ajuda o policial a entender que ele é humano, que também pode ser afetado pelas situações difíceis que enfrenta e que é necessário buscar ajuda quando necessário.

A formação policial deve ir além do domínio das técnicas e habilidades operacionais; ela deve incluir o desenvolvimento da empatia como uma competência elementar para o sucesso da profissão. Treinamentos focados no desenvolvimento da inteligência emocional, na capacidade de escuta ativa e na compreensão das realidades sociais são fundamentais para preparar o policial para lidar com as complexidades do seu trabalho de maneira mais humanizada e eficaz. Quando a empatia se torna parte do DNA da polícia, tanto os profissionais quanto a sociedade se beneficiam. A interação entre a polícia e os cidadãos torna-se mais respeitosa e produtiva, as situações de conflito têm mais chances de serem resolvidas pacificamente e a confiança na instituição policial cresce de maneira significativa.

     A empatia, em última análise, é a ponte que liga o policial à sua comunidade, permitindo que ele desempenhe sua função de forma justa, humana e eficiente. Sem ela, o policial se torna alguém distante, indiferente e, muitas vezes, opressor, contribuindo para o ciclo de violência, desconfiança e injustiça. Ao cultivá-la, a polícia se aproxima do ideal de servir e proteger a sociedade com dignidade, respeitando a humanidade de todos, independentemente de suas circunstâncias.

IMPULSIVIDADE

A impulsividade é uma característica que, no contexto da profissão policial, pode se tornar um tremendo obstáculo à eficácia, à segurança e à confiança pública. Quando um policial age de maneira impulsiva, age movido pela urgência do momento, pela pressão emocional ou pelo estresse, sem antes refletir sobre as consequências de suas ações. Em um trabalho que exige precisão, controle emocional e julgamento rápido, a impulsividade pode ter sérias repercussões, não apenas no próprio policial, mas também nos cidadãos com os quais ele interage, nos colegas de profissão e na instituição que representa. Esse comportamento, frequentemente impensado, pode comprometer a missão da polícia de proteger e servir, levando a decisões que são prejudiciais, excessivas ou até mesmo catastróficas.

A profissão policial é uma das mais exigentes, sendo caracterizada por situações que exigem ação rápida, muitas vezes diante do risco de vida. Contudo, a habilidade de tomar decisões rápidas não deve ser confundida com a pressa de agir sem analisar adequadamente o cenário. O policial impulsivo tende a reagir de forma imediata a qualquer estímulo sem considerar as nuances da ocasião, comprometendo a racionalidade necessária em momentos de tensão. Cada situação enfrentada pelo policial – seja uma abordagem de um suspeito, uma negociação de reféns ou um confronto armado – demanda uma avaliação precisa do que está acontecendo, a identificação dos riscos envolvidos e, principalmente, a capacidade de escolher a resposta mais eficaz. Quando a impulsividade prevalece, a decisão tomada é muitas vezes um reflexo da pressão do momento, sem levar em conta o contexto mais amplo e as potenciais consequências da ação.

Por exemplo, em uma abordagem a um suspeito, um policial impulsivo pode reagir de maneira agressiva sem antes avaliar se há uma ameaça real à sua segurança ou à segurança de outros. A decisão precipitada de usar a força ou de realizar um movimento brusco pode ser baseada em um instinto imediato de defesa ou de controle da situação, mas o efeito disso é uma escalada desnecessária do conflito. Em situações em que uma abordagem mais calma e controlada seria mais eficaz, o policial impulsivo pode optar por uma reação exacerbada, o que, em muitos casos, resulta em uma violência desnecessária. O uso excessivo da força não só pode causar danos físicos, mas também comprometer a confiança da comunidade na polícia, gerando uma percepção de arbitrariedade e descontrole por parte das autoridades. Em um ambiente de alta tensão, como uma situação de refém, a impulsividade pode ser igualmente prejudicial. O policial, movido pela pressa de resolver o impasse, pode cometer um erro estratégico ou emocional, tornando mais difícil a resolução pacífica do caso.

No contexto das investigações, a impulsividade também tem um papel destrutivo. As investigações policiais exigem uma análise meticulosa das evidências, uma coleta sistemática de dados e a construção de uma narrativa lógica e fundamentada. A pressa em fechar um caso, sem a devida coleta e análise de todas as informações, pode resultar em conclusões erradas. Um policial impulsivo pode tomar decisões precipitadas, como realizar prisões prematuras ou tomar medidas que, à primeira vista, parecem corretas, mas que, na verdade, estão baseadas em suposições infundadas. Esse tipo de abordagem prejudica a eficácia da investigação e compromete a busca pela verdade. Além disso, as conclusões erradas podem resultar em injustiças, como a prisão de pessoas inocentes ou a falha em identificar os verdadeiros culpados. A impulsividade prejudica, assim, o processo de justiça, tornando a investigação menos confiável e os resultados mais imprecisos.

Além das repercussões para a segurança e a eficácia das operações, a impulsividade também afeta o próprio bem-estar do policial. O estresse e a pressão emocional que acompanham a profissão policial já são desafios suficientes para os agentes de segurança, mas a impulsividade exacerba ainda mais esses fatores. A tendência a reagir rapidamente sem pensar pode gerar um ciclo de decisões apressadas, que, por sua vez, resultam em frustração, arrependimento e desgaste emocional. O policial que age impulsivamente pode começar a duvidar de sua própria capacidade de julgamento, o que afeta sua confiança e pode aumentar seu nível de estresse. Em longo prazo, isso pode levar a problemas psicológicos, como a síndrome de *burnout*, depressão ou ansiedade. O comportamento impulsivo coloca o policial em uma posição em que ele não apenas prejudica suas próprias ações, mas também coloca em risco sua saúde mental e emocional.

Além do mais, a impulsividade no policial também interfere na dinâmica de trabalho em equipe. A polícia é uma profissão que exige cooperação estreita entre os membros de uma equipe, e cada policial deve ser capaz de confiar no julgamento dos colegas e agir de forma coordenada. Quando um policial age impulsivamente, ele pode desestabilizar essa confiança. Seus colegas de trabalho podem começar a se sentir inseguros ou apreensivos sobre a forma como o agente reagirá a determinadas situações. A falta de previsibilidade e controle emocional do policial impulsivo pode prejudicar a sinergia da equipe, comprometendo a eficiência e a segurança de operações que exigem coordenação e planejamento. Em uma operação, por exemplo, onde a atuação precisa ser coordenada entre vários policiais, um policial impulsivo pode atrapalhar o andamento das ações, gerando confusão e aumentando o risco de falhas.

No relacionamento entre a polícia e a comunidade, a impulsividade pode também ter efeitos devastadores. Quando o público percebe que os policiais estão reagindo sem pensar, a confiança na polícia diminui consideravelmente. A polícia é vista como uma instituição que age por impulso, sem consideração pelas consequências, o que gera uma percepção de descontrole e arbitrariedade. Essa falta de confiança não só prejudica as relações entre os policiais e a população, mas também enfraquece a eficácia das ações de segurança pública. Em locais onde a polícia é vista como agressiva e precipitada, a colaboração da comunidade é mais difícil de ser conquistada, o que prejudica o trabalho preventivo e a resolução de crimes. A impulsividade, portanto, não afeta apenas o policial individualmente, mas tem implicações mais amplas que comprometem o trabalho coletivo da instituição e sua relação com os cidadãos.

Ademais, a impulsividade pode ser encarada como um reflexo da falta de preparação e treinamento adequados. Em muitos casos, os policiais são treinados para agir rapidamente e com eficácia, mas esse treinamento muitas vezes é focado nas habilidades técnicas, como a capacidade de usar a força, manusear armas ou realizar prisões. Entretanto, o aspecto emocional e psicológico da profissão é muitas vezes negligenciado. A capacidade de manter a calma, de refletir antes de agir e de analisar as opções de forma racional é essencial para que o policial tome decisões assertivas. Quando o treinamento não inclui o desenvolvimento dessas habilidades emocionais e de tomada de decisão, a impulsividade tende a emergir como uma resposta automática em situações de estresse. Portanto, é imperativo que o treinamento policial seja mais holístico, abordando não apenas os aspectos técnicos da profissão, mas também a gestão do estresse, a inteligência emocional e a reflexão crítica.

O impacto da impulsividade no policial não se limita somente à sua atuação no momento da ação. A longo prazo, a impulsividade pode afetar a carreira do agente, prejudicando suas avaliações e sua progressão dentro da instituição. Um policial que constantemente toma decisões impensadas pode ser visto como um perigo para a segurança de sua equipe e da comunidade, o que pode resultar em avaliações negativas, advertências disciplinares e até afastamento de funções de maior responsabilidade. Ainda, o desgaste psicológico causado pela impulsividade pode resultar em problemas de saúde mental que, por sua vez, afetam o desempenho do policial e sua capacidade de continuar trabalhando na função.

Em última análise, em face de todo o exposto, fica bastante claro que a impulsividade não é uma característica compatível com a atuação policial de alta qualidade. Embora a pressão e o estresse sejam parte da profissão, os policiais precisam desenvolver a capacidade de agir com calma, reflexão e estratégia. A impulsividade, quando não controlada, mina a eficácia das operações policiais, compromete a segurança pública e afeta a confiança da comunidade. A formação e o treinamento dos policiais devem, portanto, incluir o desenvolvimento de habilidades emocionais e comportamentais que permitam ao agente agir com discernimento e inteligência, mesmo nas situações mais difíceis. Somente com esse equilíbrio entre ação e reflexão é que o policial poderá cumprir sua missão de proteger e servir a sociedade de modo justo, eficiente e responsável.

PRECONCEITO

O preconceito, em suas diversas modalidades, é uma das falhas mais graves que podem marcar o comportamento de um policial, comprometendo não apenas a sua própria credibilidade, mas também a confiança da sociedade nas instituições de segurança pública. Quando um policial age movido por preconceitos, ele falha de maneira estrutural em sua missão de ser um defensor imparcial da lei. A natureza da função policial exige que suas ações sejam baseadas em princípios de justiça, igualdade e respeito pelos direitos humanos. Porém, quando o preconceito se infiltra nesse contexto, ele transforma o papel do policial em uma ferramenta de discriminação, perpetuando injustiças e fomentando desigualdades que, ao longo do tempo, enfraquecem as relações entre a polícia e as comunidades que ela deveria proteger.

O preconceito se manifesta de várias formas dentro das instituições policiais. A mais visível, e talvez uma das mais danosas, é a discriminação racial. A história das relações raciais, marcada por séculos de escravidão e marginalização de grupos negros e indígenas, criou um legado de desconfiança entre esses grupos e as forças policiais. No entanto, o preconceito policial não se limita a essa dimensão. Ele pode também assumir a forma de discriminação social, religiosa, de gênero ou até mesmo de orientação sexual. Quando um policial, movido por crenças preconceituosas, avalia e julga um cidadão não com base em seu comportamento ou em evidências objetivas, mas com base em estereótipos ou suposições sobre sua identidade ou origem, o processo de justiça é corrompido. Essa distorção no processo de julgamento leva a abordagens desproporcionais, detenção indevida, uso excessivo da força e, em muitos casos, violações dos direitos humanos.

O preconceito racial no policiamento é particularmente emblemático, dado o impacto profundo que tem sobre a relação entre a polícia e as comunidades marginalizadas. Quando um policial assume que uma pessoa negra, por exemplo, é mais propensa a cometer um crime com base apenas em sua cor de pele, ele não está apenas cometendo um erro de julgamento, mas contribuindo para um ciclo de desconfiança mútua. O uso indevido de estereótipos, como o de associar certas etnias a comportamentos criminosos, fortalece uma visão errônea e nociva da sociedade e cria um ambiente onde o medo e a hostilidade prevalecem, em vez de uma abordagem baseada na justiça e no respeito. Esse tipo de preconceito alimenta o medo de represálias injustas, resultando em um afastamento entre a população e a polícia, o que dificulta a colaboração e a comunicação essenciais para a eficácia do policiamento.

A discriminação social também é uma faceta importante do preconceito dentro das forças policiais. Em muitas situações, a origem socioeconômica de um indivíduo pode ser usada para justificar tratamentos desiguais. A presunção de que pessoas de classes sociais mais baixas são mais propensas a se envolver em atividades criminosas é uma noção preconceituosa que ignora a complexidade da criminalidade e as inúmeras variáveis que influenciam o comportamento humano. Policiais que, por exemplo, tratam com mais severidade uma pessoa de um bairro periférico em comparação com alguém de uma classe mais alta, estão desconsiderando a ideia fundamental de que todas as pessoas são iguais perante a lei. Tal atitude não somente resulta em injustiças, mas também deslegitima o trabalho policial, tornando-o um mecanismo de opressão em vez de um instrumento de justiça.

O preconceito também pode se manifestar de maneira mais sutil, através de atitudes e decisões aparentemente inofensivas, mas profundamente discriminatórias. Em algumas ocasiões, um policial pode tratar com mais dureza uma pessoa que usa roupas consideradas "fora dos padrões", como indivíduos com tatuagens visíveis ou cabelos não convencionais. Esse tipo de julgamento superficial pode resultar em abordagens desnecessárias, revista de pertences sem justificativa ou até mesmo ações policiais que ignoram o comportamento real do indivíduo em favor de um estereótipo superficial. Além disso, atitudes preconceituosas podem se estender a grupos religiosos ou minorias sexuais, como a discriminação contra muçulmanos, judeus ou pessoas LGBTQIA+, tornando a experiência desses grupos com a polícia uma vivência de medo e desconfiança.

Esses comportamentos, quando persistem, têm consequências devastadoras, tanto para os indivíduos afetados quanto para a própria polícia. O primeiro impacto direto do preconceito é a quebra da confiança entre a polícia e a comunidade. Quando as pessoas sentem que estão sendo tratadas de forma desigual ou injusta, elas começam a se afastar das autoridades, o que dificulta a cooperação e o trabalho preventivo. Isso cria um ciclo de desconfiança que enfraquece a eficácia das operações policiais. A polícia, que deveria ser um elo entre a comunidade e a justiça, acaba se tornando um fator de medo e opressão. Além do mais, o preconceito institucionalizado também pode resultar em protestos, manifestações sociais e até mesmo em confrontos diretos com as autoridades, como é observado em várias partes do mundo quando há denúncias de abuso policial contra minorias.

O impacto do preconceito vai além das relações com a comunidade, afetando também a própria atuação do policial. Quando um agente de segurança permite que seus preconceitos influenciem suas decisões, ele compromete sua capacidade de fazer julgamentos objetivos e justos. Essa falha em agir de forma imparcial pode resultar em erros graves, como a prisão de pessoas inocentes ou a falha em identificar um verdadeiro criminoso. A atuação policial deve ser baseada em fatos, comportamento observável e uma análise cuidadosa das circunstâncias. Quando o preconceito entra em cena, ele distorce essa análise, levando o policial a tomar decisões precipitadas e injustas.

Além disso, o preconceito pode criar um ambiente de trabalho negativo dentro da própria corporação policial. Se atitudes preconceituosas não forem combatidas de maneira eficaz, isso pode criar um clima de hostilidade e exclusão dentro da instituição. Isso afeta não apenas a moral dos policiais, mas também a qualidade da interação entre os membros da equipe. A falta de diversidade dentro das corporações pode contribuir para a manutenção de uma cultura institucional que tolera, ou mesmo promove, comportamentos preconceituosos. A cultura policial, por vezes, pode ser propensa a encobrir erros e falhas, o que só aumenta a dificuldade de combater essas atitudes discriminatórias de modo eficiente. Para que uma mudança real aconteça, é imprescindível que haja um compromisso da liderança policial em enfrentar o preconceito dentro de suas fileiras, implementando políticas que promovam a diversidade, a inclusão e a justiça em todos os níveis.

A educação e o treinamento são ferramentas basilares na luta contra o preconceito dentro das forças policiais. Os policiais precisam ser formados para reconhecer suas próprias atitudes preconceituosas e aprender como essas atitudes afetam seu trabalho e as pessoas com quem interagem. Programas de sensibilização sobre diversidade e discriminação devem ser integrados ao treinamento policial, com foco não apenas em reduzir preconceitos, mas também em promover uma cultura de respeito mútuo e compreensão das diversas realidades sociais. Isso inclui a promoção de uma abordagem de policiamento comunitário, onde os policiais não veem os cidadãos como inimigos, mas como parceiros na construção de uma sociedade mais segura e justa. Isso também implica em um trabalho contínuo para garantir que todas as interações policiais sejam baseadas na dignidade, no respeito e no cumprimento imparcial da lei.

O preconceito é uma das características mais prejudiciais que um policial pode possuir, não apenas porque compromete o julgamento e a eficácia do trabalho policial, mas também porque enfraquece os alicerces da justiça e da confiança na sociedade. Quando a polícia age com base em preconceitos, ela abandona seu papel de protetora da lei e se transforma em um agente de discriminação, perpetuando injustiças que afetam todos os cidadãos. Para combater o preconceito, é necessário um esforço coletivo dentro das corporações policiais, onde a educação, a reflexão constante e a promoção da diversidade desempenham papéis essenciais. Somente quando o preconceito for erradicado do comportamento policial, a polícia será verdadeiramente capaz de servir e proteger todos os cidadãos de maneira justa e imparcial, cumprindo seu papel na construção de uma sociedade mais equitativa e segura para todos.

FALTA DE RESPEITO AOS DIREITOS HUMANOS

O desrespeito aos direitos humanos por parte dos policiais é uma falha profundamente grave que compromete não só a eficácia e a legitimidade das forças de segurança, mas também ameaça o próprio fundamento da justiça e da democracia em uma sociedade. A polícia, enquanto instituição responsável pela manutenção da ordem pública, não pode operar de maneira independente das normas e princípios que garantem os direitos e liberdades individuais. Quando o policial age de forma a desconsiderar esses direitos, ele não apenas infringe a lei, mas também mina a confiança da sociedade nas suas próprias instituições de segurança e nos pilares do Estado de Direito. O desrespeito aos direitos humanos é uma característica que transforma a missão de proteger a sociedade em uma ferramenta de repressão, ao invés de um instrumento para a construção de uma convivência pacífica e justa.

A polícia tem como papel central proteger os cidadãos, assegurar a justiça e garantir o cumprimento da lei. No entanto, quando essa função é distorcida por atitudes autoritárias ou por uma interpretação errônea do poder conferido, a atuação policial pode se tornar uma ameaça, e não uma proteção para os direitos dos indivíduos. O desrespeito aos direitos humanos na atividade policial pode se manifestar de diversas formas, muitas das quais geram danos irreparáveis, tanto para os indivíduos diretamente afetados, quanto para o tecido social como um todo. A atuação de policiais que ignoram ou desrespeitam as liberdades e os direitos fundamentais das pessoas enfraquece a própria confiança entre a comunidade e as instituições públicas, criando um ciclo de desconfiança e hostilidade que torna mais difícil o trabalho da polícia e mais vulneráveis os cidadãos.

Um dos exemplos mais flagrantes de desrespeito aos direitos humanos dentro das forças policiais, conforme supracitado, é o abuso de poder, que ocorre quando os policiais utilizam suas funções de maneira arbitrária, sem justificar o uso de força ou autoridade em determinadas situações. A utilização excessiva da força, muitas vezes em situações que não justificam tal abordagem, não apenas fere os direitos da pessoa atingida, mas também gera um ambiente de medo e de opressão, dificultando a construção de uma relação de confiança entre a polícia e a sociedade. O abuso de poder se reflete no comportamento de policiais que, ao lidarem com cidadãos, principalmente os mais vulneráveis, agem de maneira truculenta, sem levar em consideração o princípio fundamental da proporcionalidade da ação policial.

O uso excessivo da força, seja em abordagens de rotina, seja em situações de confronto, é um dos maiores exemplos de desrespeito aos direitos humanos, pois resulta na violação da integridade física e psicológica do cidadão. Quando policiais agridem ou humilham pessoas sem uma justificativa clara, sem necessidade ou sem seguir os protocolos de atuação, eles se afastam da missão de garantir a ordem pública de forma equilibrada e justa. Além disso, a forma como os policiais abordam certos grupos da sociedade também deve ser considerada. O tratamento desigual, baseado em preconceitos raciais, sociais ou econômicos, é uma outra espécie de desrespeito aos direitos humanos que torna a atuação policial uma prática discriminatória. Quando policiais tratam com severidade pessoas de determinada etnia ou classe social sem que haja um motivo legítimo para tal abordagem, eles não só falham em cumprir sua função de maneira justa, mas também reforçam divisões e desigualdades na sociedade, que já são alimentadas por décadas de marginalização e exclusão.

Um aspecto crucial dessa problemática é a violação do direito à dignidade. A dignidade humana é um direito fundamental que, quando violado por ações policiais abusivas, deixa marcas profundas não só no indivíduo atingido, mas também na coletividade. A humilhação, a degradação e o desrespeito por parte de agentes da lei criam um ciclo vicioso de violência e exclusão. Quando um policial se permite agir com descaso pela dignidade do ser humano, ele não apenas afeta a pessoa imediatamente envolvida, mas também a confiança da sociedade na sua capacidade de aplicar a lei de maneira equânime e justa. O desrespeito à dignidade é especialmente grave porque atinge um valor universalmente reconhecido, essencial para a convivência humana, e sem o qual a justiça se torna inócua.

Outro exemplo do desrespeito aos direitos humanos se dá por meio da tortura, uma prática explicitamente proibida pela Constituição de muitos países e por tratados internacionais, como a Convenção contra a Tortura e Outros Tratamentos ou Penas Cruéis, Desumanos ou Degradantes, da Organização das Nações Unidas (ONU). A tortura, seja física ou psicológica, não tem justificativa em nenhuma circunstância e é uma violação grave dos direitos humanos. A busca por informações ou confissões, muitas vezes em nome de um interesse maior de resolução de crimes, nunca pode se sobrepor ao direito de um indivíduo a ser tratado com humanidade e respeito. Quando policiais recorrem à tortura ou a outros tratamentos cruéis para obter informações, eles não apenas comprometem os princípios básicos da justiça, mas também corrompem a própria essência da investigação criminal. Esse tipo de comportamento viola os direitos mais fundamentais do ser humano, tornando a prática policial uma ameaça em vez de um auxílio para a sociedade.

É importante também destacar que a violação dos direitos humanos por parte da polícia não se resume àqueles casos em que há evidência clara de abuso físico ou psicológico. O desrespeito aos direitos também pode ocorrer por meio da negligência ou da omissão, como em situações em que a polícia falha em proteger grupos vulneráveis, como mulheres vítimas de violência doméstica, crianças em risco de abuso ou comunidades marginalizadas. A ausência de ação em face de uma ameaça ou o tratamento desleixado de uma denúncia são formas de desrespeito aos direitos humanos, pois demonstram que a polícia, ao invés de agir como uma defensora dos direitos de todos, simplesmente ignora sua função de proteger os mais frágeis.

Ademais, o desrespeito aos direitos humanos não é uma falha que afeta apenas as vítimas diretas de abusos cometidos por policiais, mas também prejudica a imagem e a eficácia de toda a instituição policial. Quando os cidadãos sentem que não podem confiar na polícia para proteger seus direitos, isso enfraquece a própria base da convivência social e da paz pública. Uma polícia que desrespeita os direitos humanos contribui para uma sociedade mais violenta e menos segura, onde a confiança no sistema de justiça se dissolve. Esse tipo de desconfiança impede a colaboração da comunidade com as forças policiais, dificultando o trabalho de investigação e segurança. Sem a cooperação da população, a polícia não consegue desempenhar seu papel de maneira eficaz, e a sensação de insegurança se amplia, criando um ciclo de desconfiança e violência.

O desrespeito aos direitos humanos também leva à perpetuação da impunidade. Muitas vezes, casos de abuso policial não são devidamente investigados e os responsáveis por violar direitos fundamentais não são punidos de maneira proporcional aos danos causados. Essa falta de responsabilização é um grande obstáculo para a reforma das instituições policiais e para a construção de uma cultura organizacional voltada para o respeito aos direitos humanos. Se os abusos não são confrontados, se os infratores não são responsabilizados, o comportamento desrespeitoso se torna um padrão dentro da corporação, e não uma exceção. Isso faz com que o problema se perpetue e a confiança na polícia seja ainda mais corroída.

Para combater a ausência de respeito aos direitos humanos dentro das corporações policiais, é fundamental que haja uma mudança profunda na formação e nos valores que orientam as ações dos policiais. O treinamento deve incluir, além de habilidades técnicas, a educação ética e a compreensão dos direitos humanos, de forma que todos os policiais sejam preparados para lidar com as complexidades da sociedade de modo respeitoso e justo. A ênfase na empatia, na resolução pacífica de conflitos e no respeito à diversidade é essencial para construir uma polícia mais humana e sensível às necessidades e direitos dos cidadãos. Além disso, é crucial que sejam implementadas estruturas de fiscalização eficazes e independentes, que permitam a responsabilização daqueles que cometerem abusos, garantindo que a justiça seja realmente aplicada de maneira equânime e imparcial.

    Em conclusão, o desrespeito aos direitos humanos é uma falha gravíssima que compromete a missão da polícia e o tecido social como um todo. Para que a polícia seja efetivamente uma força para a justiça e a segurança, ela deve operar dentro dos limites da lei, garantindo que os direitos e a dignidade de todos os cidadãos sejam respeitados. Somente assim será possível construir uma sociedade mais justa, segura e harmoniosa, onde a confiança nas instituições de segurança seja restaurada e a convivência social seja baseada no respeito e na equidade.

AUSÊNCIA DE ÉTICA

A ausência de ética no exercício da função policial representa um dos maiores riscos para a eficácia das forças de segurança e, principalmente, para a confiança pública nas instituições responsáveis pela manutenção da ordem e da justiça. Quando um policial se desvia dos princípios éticos, comprometendo o próprio comportamento e a atuação dentro da corporação, ele não apenas prejudica sua própria integridade, mas também compromete a essência da função policial, que deve ser de proteção, justiça e respeito aos direitos humanos. A ética é o que distingue um policial comprometido com o bem-estar da sociedade de um agente que age de maneira egoísta, abusiva e prejudicial, colocando seus próprios interesses ou crenças acima da responsabilidade que lhe foi confiada. O conceito de ética é amplo, mas pode ser resumido em um conjunto de normas, valores e princípios que guiam a conduta humana, promovendo o respeito pela dignidade, pela igualdade e pelo bem comum. No caso da polícia, isso se traduz na obrigação de agir com imparcialidade, honestidade, respeito aos direitos fundamentais e, acima de tudo, no compromisso com a justiça.

O policial é uma figura pública cuja ação tem um impacto direto na vida das pessoas. Quando sua atuação é guiada pela ética, ela reflete o compromisso com o interesse coletivo, promovendo um ambiente de respeito à lei e aos direitos humanos. A ética no trabalho policial, portanto, é indispensável para garantir que as ações dos agentes de segurança sejam justas, equilibradas e transparentes. Ela se manifesta no cumprimento da legislação, no trato respeitoso e digno aos cidadãos e no zelo pela integridade física e psicológica de todas as pessoas envolvidas em uma operação policial. Quando a ética se ausenta, as consequências podem ser devastadoras, não apenas para os indivíduos diretamente afetados, mas para toda a sociedade.

Uma das formas mais visíveis da falta de ética é o abuso de poder. A autoridade concedida ao policial precisa ser exercida com moderação, responsabilidade e respeito aos direitos de todos. Quando um policial age de maneira arbitrária, sem consideração pelos direitos dos cidadãos, ele viola um dos pilares fundamentais do Estado de Direito, que é a justiça igualitária. O abuso de poder pode se manifestar de diversas formas, como o uso excessivo da força em abordagens desnecessárias, prisões ilegais, destruição de propriedade sem justificativa ou até mesmo o assédio verbal ou físico. A falta de ética no exercício da autoridade policial faz com que o agente de segurança perca sua função de garantir a ordem e a paz social, tornando-se uma ameaça à própria população que ele deveria proteger. As consequências desse tipo de conduta não se limitam ao prejuízo imediato das vítimas, mas também afetam a relação entre a polícia e a comunidade, gerando desconfiança, medo e hostilidade.

Além do mais, a falta de ética frequentemente resulta em práticas corruptas, que corroem a estrutura e a missão das forças de segurança. A corrupção policial é uma das expressões mais graves da ausência de ética, pois, quando um policial se envolve em atividades ilícitas, ele não só desrespeita a lei, mas também trai a confiança da população que lhe confere sua autoridade. A corrupção pode se manifestar de diversas maneiras, como a aceitação de subornos, o desvio de recursos públicos, a proteção de criminosos em troca de favores ou até mesmo a facilitação de crimes, como o tráfico de drogas ou o contrabando. Quando um policial se corrompe, ele está não apenas comprometendo sua própria honra e credibilidade, mas também se tornando um agente ativo na perpetuação da criminalidade e da injustiça, prejudicando toda a sociedade.

Outro reflexo da ausência de ética no trabalho policial é a parcialidade nas ações, que se expressa por meio do preconceito, discriminação ou favoritismo. A ética exige que o policial atue de maneira imparcial, tratando todos os cidadãos com a mesma dignidade e respeito, independentemente de sua raça, classe social, gênero, orientação sexual ou qualquer outra característica. Quando um policial age com base em preconceitos pessoais, ele coloca em perigo a própria ideia de justiça, que deve ser cega e sem distinções. A falta de ética, nesse caso, cria um ambiente em que certos grupos são tratados de maneira desigual, reforçando as desigualdades sociais e criando um ciclo de marginalização e exclusão. A discriminação racial, por exemplo, é uma forma clara de violação dos princípios éticos, quando um policial decide agir com maior rigor ou violência contra uma pessoa com base em sua cor ou origem. Isso compromete não apenas os direitos individuais dos cidadãos, mas também a própria eficácia da polícia, que perde sua legitimidade quando age de modo discriminatório.

A ausência de ética também pode se refletir na negligência com os deveres da profissão. O policial ético é aquele que se dedica à sua função, cumpre com rigor os protocolos e está sempre disposto a servir e proteger a população. No entanto, quando um policial age de forma desleixada ou preguiçosa, ele põe em risco a segurança pública e o bem-estar das pessoas. A negligência pode se manifestar, por exemplo, na falta de atenção durante abordagens, na demora em tomar medidas adequadas em situações de risco ou na falha em investigar crimes de maneira diligente. A ética exige que o policial seja responsável e comprometido com sua missão, assegurando que suas ações sejam fundamentadas na busca pela justiça e pelo bem comum, e não em interesses pessoais ou em conveniências momentâneas.

A relação entre a ética e a transparência dentro da corporação policial também é fundamental. Quando a ética falta, muitas vezes surge a cultura da omissão ou do encobrimento. Dentro de uma corporação, o comportamento antiético de um policial pode ser tolerado ou até mesmo protegido pelos próprios colegas, criando um ambiente de impunidade que alimenta comportamentos corruptos, violentos ou negligentes. A ética dentro da polícia exige que os agentes sejam responsáveis por suas ações e que qualquer infração ou falha seja devidamente reportada e investigada. O policiamento interno, a fiscalização independente e o fortalecimento de mecanismos de controle são medidas fundamentais para garantir que a ética seja mantida dentro da instituição. Quando isso não acontece, a falta de ética se espalha, prejudicando a moral da corporação e, consequentemente, a qualidade da segurança pública.

Ademais, a ausência de ética pode resultar na degradação da imagem pública da polícia. Quando a população percebe que a polícia não segue padrões éticos em suas operações, isso gera uma sensação de insegurança e desconfiança generalizada. A falta de ética no comportamento policial alimenta a ideia de que a polícia é uma instituição corrupta, violenta e opressora, afastando a comunidade de sua função principal: a proteção da ordem pública e a promoção da justiça. A confiança da sociedade na polícia é crucial para a eficácia do trabalho policial. Sem essa confiança, o combate ao crime e à violência se torna mais difícil, pois as pessoas deixam de colaborar com a polícia, tornando o ambiente de insegurança ainda mais desafiador, conforme tantas vezes mencionado.

Uma das maiores implicações da ausência de ética na atuação policial é a erosão da democracia e dos direitos humanos. A função da polícia é proteger a sociedade, mas, quando os policiais agem de maneira antiética, abusiva ou corrupta, eles não estão protegendo os cidadãos, mas violando os princípios fundamentais de um Estado democrático de direito. A ética, portanto, não é uma opção para os policiais, mas uma obrigação que assegura que a sua atuação seja sempre voltada para a promoção da justiça, da igualdade e da liberdade. Quando a ética é ignorada, a própria base do sistema legal se desmorona, e o papel da polícia se torna uma ameaça à democracia e aos direitos humanos.

Para corrigir esse abominável vício dentro das forças de segurança, é imperioso implementar uma educação contínua sobre valores éticos durante o treinamento e a carreira policial. A ética deve ser incorporada não apenas como um conjunto de normas, mas como um princípio orientador de todas as ações policiais, promovendo uma cultura organizacional em que o respeito à dignidade humana, à justiça e aos direitos fundamentais seja prioridade. A responsabilização pelos erros éticos, a implementação de mecanismos de fiscalização e a promoção de uma postura transparente e honesta dentro das instituições policiais são medidas vitais para restaurar a confiança da população e garantir que a polícia cumpra sua missão de forma justa e ética.

Por derradeiro, a ausência de ética dentro da polícia compromete toda a estrutura de segurança pública e coloca em risco a própria essência da justiça. A ética não é apenas um valor a ser praticado, mas um requisito fundamental para que o trabalho policial seja eficiente, respeitoso e digno. Somente uma polícia ética pode garantir que a sociedade viva em paz, com segurança e liberdade, e que os direitos humanos sejam, de fato, respeitados e protegidos.

DESONESTIDADE

A desonestidade, dentro do contexto policial, é uma das características mais prejudiciais à confiança pública e à efetividade das forças de segurança. Quando um policial abdica dos princípios da honestidade, ele não apenas compromete sua própria carreira e integridade, mas enfraquece a própria estrutura do sistema de justiça, afetando diretamente a relação de confiança que deve existir entre a polícia e a sociedade. O compromisso com a verdade, a justiça e a ética é o que distingue um policial competente e responsável de um agente que coloca seus interesses pessoais ou corporativos acima do dever de servir à comunidade. Quando a desonestidade se infiltra na rotina policial, suas consequências são devastadoras, pois ela afeta não só a eficácia das operações, mas também a moral da instituição e a confiança pública.

O ato de um policial agir de forma desonesta se pode manifestar de diversas maneiras, sendo a corrupção uma das mais graves e evidentes. Um policial que se envolve em práticas corruptas, como aceitar subornos ou extorquir cidadãos, compromete a missão que lhe foi confiada de zelar pela ordem e segurança pública. A corrupção policial não apenas prejudica a imagem da corporação, mas gera um ciclo vicioso de impunidade e injustiça. O policial corrupto se torna cúmplice do crime, seja ao proteger infratores em troca de favores ou ao omitir informações relevantes que podem afetar investigações importantes. Quando um policial age de maneira corrupta, ele não está somente violando a lei e a ética, mas também enfraquecendo a estrutura da própria segurança pública, tornando-a vulnerável à criminalidade e à desordem.

Como apontado alhures, a corrupção dentro da polícia também tem efeitos duradouros sobre a confiança da sociedade. A percepção de que a polícia está envolvida em atividades ilícitas, seja através de subornos ou do encobrimento de infrações penais, mina a credibilidade da corporação e gera um ambiente de desconfiança entre a população e os agentes de segurança. Quando cidadãos têm a sensação de que não podem contar com a polícia para proteger seus direitos ou garantir que a justiça será feita, a relação de cooperação entre a comunidade e as forças de segurança se rompe. A confiança pública é um dos pilares que sustenta a eficiência de qualquer força policial, e quando a desonestidade se infiltra nesse sistema, a confiança se dissolve rapidamente, dificultando ainda mais o trabalho de combate ao crime.

Outro exemplo de desonestidade no contexto policial é a manipulação de provas e o falso testemunho. Em um sistema de justiça que depende da coleta e apresentação de evidências para que decisões judiciais sejam tomadas de maneira justa, a falsificação ou adulteração de provas é uma violação gravíssima não só da ética policial, mas também dos direitos fundamentais dos cidadãos. Quando um policial manipula evidências, seja para proteger um criminoso ou para incriminar injustamente um inocente, ele não está apenas prejudicando a vítima imediata, mas comprometendo a integridade de todo o processo judicial. O resultado é uma distorção da verdade, que pode levar à condenação de pessoas inocentes, à libertação de criminosos ou à criação de um sistema legal falho e ineficaz.

Da mesma forma, o falso testemunho e a omissão de fatos relevantes durante investigações ou depoimentos têm efeitos profundamente negativos sobre a justiça. O policial desonesto que mente ou esconde informações age de modo egoísta, colocando seus próprios interesses ou o de outros acima da verdade e da necessidade de uma resolução justa dos casos. Quando esse comportamento se torna recorrente dentro de uma instituição policial, ele compromete o funcionamento do sistema de justiça como um todo, pois as decisões judiciais serão baseadas em informações falsas ou incompletas, resultando em julgamentos errados e na perpetuação da injustiça. A desonestidade nesse nível é particularmente danosa, pois destrói a confiança do público no sistema legal, prejudica o próprio trabalho dos policiais honestos e cria um ambiente de impunidade e falta de responsabilização.

Além da corrupção e da manipulação de provas, a desonestidade também pode se manifestar de maneira mais sutil, mas igualmente danosa. A omissão de informações, por exemplo, pode ser uma forma de desonestidade que prejudica o andamento de uma investigação. Quando um policial opta por esconder ou minimizar fatos importantes que poderiam alterar a resolução de um caso, ele está contribuindo para a obstrução da justiça. A omissão pode ocorrer por diversos motivos: medo de represálias, lealdade a colegas ou simplesmente por conveniência. Todavia, em qualquer circunstância, essa prática compromete o processo investigativo e, muitas vezes, a vida das pessoas envolvidas. Quando informações são ocultadas, as decisões que são tomadas com base nas evidências disponíveis podem ser erradas, levando a falhas no sistema de justiça e no combate à criminalidade.

A desonestidade também se reflete na prática de encobrimento de erros ou comportamentos inadequados dentro da corporação. Quando um policial comete uma infração ou se envolve em um ato ilegal, e os superiores ou colegas decidem encobrir esses erros ou falhas, estão perpetuando a cultura da impunidade. A falta de responsabilidade e a proteção a policiais que não cumprem com suas obrigações éticas criam um ambiente de desconfiança e permitem que práticas corruptas e desonestas floresçam. Essa falta de transparência e de disposição para corrigir os erros enfraquece a estrutura da corporação e afeta diretamente a qualidade do trabalho policial. Quando a desonestidade se torna parte da cultura de uma corporação, os policiais honestos podem se sentir desmotivados e frustrados, pois percebem que os princípios da justiça e da ética não são mais valorizados.

Outro impacto significativo da desonestidade na polícia é o efeito que ela tem sobre a moral da própria corporação. Em um ambiente onde a desonestidade prevalece, a confiança entre colegas se deteriora e a coesão necessária para uma atuação policial eficiente e de qualidade é comprometida. Os agentes honestos que tentam manter altos padrões de conduta podem se sentir isolados, desmotivados e impotentes diante de colegas que violam essas normas. Além disso, a presença de práticas desonestas dentro de uma corporação pode dificultar a implementação de reformas necessárias e a construção de uma cultura de responsabilidade e transparência. A desonestidade, ao enfraquecer o moral da corporação, prejudica a capacidade da polícia de desempenhar sua função de maneira eficiente, gerando um ambiente de trabalho tóxico e ineficaz.

A desonestidade, em última análise, não apenas compromete a polícia como instituição, mas também ameaça a própria segurança e estabilidade de uma sociedade. A função da polícia não é somente combater o crime, mas garantir que a justiça seja feita de maneira imparcial e transparente. Quando um policial age de forma desonesta, ele coloca em risco a confiança que a sociedade deposita na polícia, e, consequentemente, o sistema de justiça como um todo. A população depende de um sistema de segurança pública que seja justo, honesto e transparente. Se essa confiança for quebrada, o resultado é um ciclo de desconfiança, medo e resistência, tornando ainda mais difícil para os policiais honestos cumprir sua missão de proteger a sociedade.

Por fim, é essencial que a polícia, como instituição, adote medidas para combater a desonestidade em todas as suas formas. Isso inclui a implementação de programas de treinamento ético rigorosos, o fortalecimento dos mecanismos de fiscalização e controle interno, e a criação de canais seguros para que os policiais possam denunciar comportamentos inadequados sem medo de represálias. A ética deve ser uma prioridade para todos os níveis da corporação, e aqueles que violarem esses princípios devem ser responsabilizados de maneira rígida, justa e transparente. Apenas assim será possível garantir que a polícia cumpra sua função de modo eficaz, justo e honrado, restaurando a confiança pública e garantindo a segurança de todos os cidadãos. A luta contra a desonestidade policial é uma batalha constante, mas é uma batalha necessária para assegurar que a polícia seja realmente um pilar de justiça, respeito e integridade dentro da sociedade.

FALTA DE DISCIPLINA

A falta de disciplina dentro de uma força policial não é apenas uma questão de desorganização ou de desrespeito às normas internas; ela representa uma falha estrutural que compromete a própria essência da polícia enquanto instituição. Em uma corporação que depende da coesão, da eficácia no trabalho em equipe e da confiança pública para funcionar adequadamente, a ausência de disciplina pode gerar consequências devastadoras tanto para a corporação quanto para a sociedade como um todo. A disciplina, em qualquer instituição, mas de maneira ainda mais crítica na polícia, é um pilar fundamental que sustenta a ordem, a integridade e a eficiência do trabalho realizado.

Quando se fala de disciplina policial, não se está apenas se referindo à capacidade de seguir ordens diretas e específicas dadas por superiores hierárquicos, mas sim a uma abordagem mais abrangente que engloba os princípios éticos, as normas de conduta, o respeito pelos direitos dos cidadãos e a manutenção da ordem em todas as circunstâncias. A disciplina é, na verdade, uma expressão da responsabilidade de cada policial em manter seu comportamento alinhado com as expectativas e exigências de sua função. Quando um policial falha em demonstrar disciplina, ele prejudica sua própria capacidade de agir corretamente e mina a eficácia do corpo policial como um todo. A ausência de disciplina, portanto, não é só uma falha individual, mas uma fraqueza sistêmica que pode se espalhar, afetando o desempenho de toda a equipe.

A falta de disciplina começa a se evidenciar em comportamentos aparentemente pequenos, mas que têm implicações sérias. A negligência no cumprimento de horários, a ausência nas formações e reuniões, o não cumprimento de procedimentos operacionais padrão ou a falta de zelo em relação à própria farda e apresentação pessoal são exemplos de atitudes que, à primeira vista, podem parecer triviais, mas que, em uma instituição como a polícia, têm um impacto significativo na organização como um todo. Quando esses comportamentos se tornam recorrentes, criam um clima de desordem e de desrespeito às normas, afetando a moral da corporação e tornando mais difícil para os superiores garantir que as ações da polícia sejam consistentes e alinhadas com os objetivos institucionais.

No entanto, a falta de disciplina não se limita a atitudes cotidianas como essas. Ela pode se manifestar de forma mais grave e perigosa durante operações, em momentos de alta pressão, onde a atuação de cada policial precisa ser precisa e coordenada. A falta de disciplina nesse contexto pode resultar em decisões impulsivas, atitudes inadequadas durante abordagens ou uso excessivo da força, colocando em risco a segurança dos próprios policiais e, principalmente, a segurança da população. Em situações de confronto ou de risco iminente, a disciplina é a chave para garantir que as ações da polícia sejam proporcionais, racionalmente fundamentadas e dentro dos limites da lei. Um policial sem disciplina pode reagir de forma exagerada, agressiva ou fora de controle, o que pode, em muitos casos, escalar conflitos desnecessariamente e até gerar vítimas fatais. A falta de autocontrole, um aspecto importante da disciplina, prejudica a capacidade de agir com discernimento e equilíbrio, qualidades essenciais em qualquer situação de alta complexidade.

Além do mais, a indisciplina dentro da polícia tem um impacto direto sobre a confiança da sociedade na instituição. A polícia existe para servir e proteger a comunidade, sendo o primeiro ponto de contato em muitas situações de crise. Quando a corporação não consegue operar de maneira disciplinada, isso mina a confiança pública. Se os cidadãos perceberem que os policiais não seguem as regras, que há desorganização e que os procedimentos não são seguidos corretamente, a relação de confiança entre a comunidade e as forças de segurança é abalada. Em um contexto onde a segurança pública é um bem altamente valorizado, a disciplina se torna uma garantia de que a polícia está comprometida com a sua missão de maneira ética e responsável. Quando a indisciplina prevalece, a percepção pública é de que a corporação não está fazendo seu trabalho adequadamente, o que gera um ciclo de desconfiança e alienação.

A ausência de disciplina também reflete diretamente no comportamento dos próprios policiais. Em uma corporação em que a indisciplina é tolerada, surgem os riscos de comportamentos inadequados que podem ser interpretados como abuso de poder, corrupção ou até mesmo práticas violentas contra a população. A falta de estrutura para garantir que todos os membros da força policial sigam as mesmas normas cria um ambiente no qual os policiais se sentem livres para agir fora dos limites da legalidade e da moralidade, o que contribui para a degradação da imagem da corporação. Em vez de servir como agentes do bem, policiais indisciplinados podem se tornar uma ameaça à própria comunidade que deveriam proteger. Quando a indisciplina é permitida, a moral da corporação se deteriora, pois aqueles que seguem as normas e agem corretamente se sentem desvalorizados e desmotivados.

Outro efeito negativo da falta de disciplina é o impacto sobre a formação contínua e o desenvolvimento profissional dos policiais. A polícia, como qualquer outra instituição, deve investir constantemente na capacitação e no aprimoramento de suas equipes. A falta de disciplina no cumprimento de processos de formação e aperfeiçoamento profissional compromete a atualização dos policiais em relação a novas técnicas, tecnologias e abordagens legais, além de enfraquecer a cultura de aprendizado dentro da corporação. A formação contínua é um modo de garantir que os policiais sejam sempre preparados para enfrentar novos desafios e situações complexas. Se a disciplina não for observada, o processo de treinamento se torna ineficaz, já que os policiais não se engajam de maneira plena em suas atividades de desenvolvimento. Como resultado, a polícia como um todo perde sua capacidade de se adaptar às novas demandas e aos avanços da sociedade, prejudicando sua eficácia a longo prazo.

Em níveis mais altos, a falta de disciplina pode afetar a gestão e o funcionamento interno da polícia. As decisões estratégicas, a coordenação de operações e a supervisão das atividades diárias dependem de uma estrutura disciplinada e organizada. Se os líderes da corporação não conseguem impor a disciplina, as operações podem se tornar desorganizadas e mal coordenadas, resultando em falhas de execução que afetam a segurança pública. A disciplina é um fator crucial para garantir que as políticas e procedimentos sejam implementados de maneira consistente, sem desvio ou adaptação imprópria. Um ambiente onde a indisciplina é tolerada cria uma cultura de ineficiência e desorganização, afetando diretamente a qualidade do serviço prestado à população.

É também importante considerar o impacto psicológico e emocional da falta de disciplina na própria saúde mental dos policiais. A disciplina não se limita à observância das regras externas; ela envolve também a autorregulação emocional e o autocontrole. Em uma instituição onde as normas são constantemente desrespeitadas ou ignoradas, a pressão sobre os policiais pode aumentar, gerando um ambiente estressante e instável. Isso pode resultar em exaustão emocional, frustração e, em casos extremos, até *burnout*. A falta de disciplina, ao criar um ambiente de caos e imprevisibilidade, afeta negativamente a saúde mental dos policiais, o que, por sua vez, prejudica sua capacidade de agir com eficiência e precisão nas suas funções.

A falta de disciplina também pode gerar uma percepção de impunidade dentro da própria polícia. Quando os policiais não são responsabilizados por suas ações indisciplinadas, a cultura da impunidade se instala, criando um ciclo vicioso onde as transgressões são toleradas e a justiça interna da corporação enfraquece. Isso pode resultar em um ambiente onde aqueles que seguem as regras são desmotivados, pois percebem que os infratores não enfrentam as consequências de seus comportamentos. A falta de disciplina, portanto, cria um ambiente em que a responsabilidade é diluída e a ordem e o respeito às normas tornam-se conceitos secundários.

Enfim, a disciplina dentro da polícia é essencial não apenas para o bom funcionamento da corporação, mas para a preservação da ordem social e da justiça. A ausência de disciplina compromete a eficiência das operações, mina a confiança pública, prejudica a moral dos policiais e, em última análise, enfraquece o papel da polícia enquanto instituição responsável pela segurança da sociedade. Portanto, a disciplina deve ser vista como um valor central na formação, no desenvolvimento e no comportamento de todos os policiais. Uma polícia indisciplinada é uma polícia vulnerável, e o preço dessa vulnerabilidade é pago pela sociedade, que depende de uma corporação organizada, eficiente e comprometida com a justiça para garantir a ordem e a segurança pública.

INTOLERÂNCIA À CRÍTICA

A intolerância à crítica é uma das características mais prejudiciais e corrosivas que pode afetar o comportamento de um policial e, por conseguinte, a eficácia de toda a corporação. Em uma instituição que depende de rigor, respeito às normas e à constante melhoria de seus membros, a capacidade de receber críticas e *feedbacks* construtivos é fundamental para a evolução individual e coletiva. A função policial não é estática, e a sociedade está em constante mudança, assim como as ferramentas, técnicas e procedimentos que os policiais devem adotar para enfrentar os desafios de seu dia a dia. Nesse contexto, a intolerância à crítica mina não apenas o desenvolvimento do policial, mas compromete a qualidade do serviço prestado à comunidade, impactando a confiança da sociedade na polícia e, em última análise, a segurança pública.

Para compreender a magnitude da intolerância à crítica dentro de uma instituição como a polícia, é importante reconhecer que ela vai além de uma simples resistência ao *feedback*. Ela envolve uma postura mental de fechamento, onde o policial não está disposto a avaliar suas próprias falhas ou limitações, e muito menos a ouvir os outros, sejam seus colegas, superiores ou cidadãos. Essa atitude não é apenas um reflexo de arrogância ou vaidade, mas também uma negação do processo contínuo de aprendizado que é inerente a qualquer profissão. Na polícia, onde as decisões podem ser de vida ou morte, a capacidade de aprender com os próprios erros é crucial. A crítica, longe de ser um ataque pessoal, deve ser encarada como uma oportunidade para o crescimento e aprimoramento, uma chance de corrigir falhas antes que elas se tornem problemas maiores. Quando o policial se recusa a aceitar essa dinâmica, ele se coloca em uma posição de vulnerabilidade, repetindo os mesmos erros e falhando em evoluir.

Além do mais, a intolerância à crítica dentro da corporação policial cria um ambiente de trabalho tóxico, onde a comunicação se torna limitada e a colaboração, essencial para o sucesso de qualquer operação, é prejudicada. A polícia é uma instituição que depende de hierarquia e disciplina, mas também precisa de um espaço para o diálogo e a troca de ideias. Quando um policial não aceita críticas, ele dificulta o fluxo de comunicação saudável dentro da equipe. Outros policiais podem se sentir receosos ou intimidados em dar *feedbacks*, temendo represálias ou um comportamento defensivo. Esse tipo de ambiente inibe a inovação e a melhoria dos processos, além de enfraquecer a moral da corporação, que passa a ver a crítica não como um recurso de aprimoramento, mas como uma ameaça. O trabalho policial, em sua essência, é colaborativo. As operações bem-sucedidas exigem a união de esforços, e a confiança mútua entre os policiais é algo básico. A intolerância à crítica diminui essa confiança e torna o ambiente de trabalho mais difícil, menos produtivo e mais propenso a falhas.

Outro aspecto da intolerância à crítica é o impacto direto que ela tem sobre a relação entre a polícia e a sociedade. A polícia é, acima de tudo, um serviço público, que existe para garantir a segurança, proteger os direitos e a dignidade das pessoas. Para que essa relação funcione adequadamente, a polícia precisa manter a confiança da população, e isso só é possível quando os cidadãos sentem que seus direitos estão sendo respeitados, que as ações policiais estão sendo monitoradas e que há um compromisso com a transparência e com a melhoria contínua. A crítica, quando feita de forma construtiva, é uma ferramenta primordial para manter esse vínculo. Ela permite que a sociedade avalie o comportamento dos policiais e a eficácia de suas ações, ajudando a corrigir falhas e a evitar abusos. No entanto, quando a polícia reage de forma intolerante a essas críticas, seja através da repressão, do silenciamento ou da negação, cria-se uma barreira entre os policiais e a comunidade. Em vez de construir um diálogo construtivo, essa atitude reforça a desconfiança, a hostilidade e a sensação de que a polícia está acima de qualquer escrutínio público. Isso pode gerar um ciclo de desconfiança que prejudica a qualidade do trabalho policial, já que a polícia perde o *feedback* necessário para ajustar suas abordagens e melhorar a relação com os cidadãos.

    A intolerância à crítica também tem sérias implicações para a própria integridade moral e ética do policial. Um policial que se recusa a aceitar críticas ou que reage de maneira agressiva a qualquer questionamento, acaba se colocando em uma posição onde não consegue reconhecer suas falhas, o que pode levar à repetição de comportamentos errôneos ou até abusivos. Isso é especialmente grave em uma profissão que lida diretamente com o poder, a autoridade e a responsabilidade de fazer cumprir a lei. A crítica serve, justamente, para garantir que o policial se mantenha dentro dos limites da legalidade e da ética. Quando ele se fecha para esse tipo de reflexão, é mais difícil que ele se torne consciente dos impactos de suas ações sobre os outros. Isso pode resultar em atitudes de abuso de poder, discriminação ou violência, comprometendo a missão da polícia de proteger e servir de forma justa e imparcial. Além disso, a incapacidade de aprender com a crítica também prejudica a capacidade de um policial em se ajustar às mudanças na sociedade, na legislação e nas políticas públicas, tornando-o um profissional desatualizado e ineficaz.

    Em um nível mais amplo, a intolerância à crítica enfraquece a capacidade da própria instituição policial de se autodenominar responsável e eficiente. As corporações policiais devem ser exemplos de responsabilidade, transparência e compromisso com a justiça. Quando um policial ou uma unidade policial demonstra resistência a críticas construtivas, ele prejudica a imagem da corporação como um todo. Em uma sociedade democrática, a polícia deve ser uma instituição sujeita a um controle rigoroso e a um constante processo de avaliação, tanto interna quanto externa. Esse controle se faz necessário para garantir que a polícia esteja alinhada com os valores democráticos, com o respeito aos direitos humanos e com as melhores práticas de segurança pública. A intolerância à crítica compromete esse processo, pois impede que a polícia reconheça e corrija suas falhas de forma eficaz. Ela impede a implementação de melhorias essenciais, tornando a instituição mais suscetível a erros e a práticas abusivas. Em última instância, a corporação se torna mais distante da sociedade, mais autossuficiente e mais difícil de monitorar, o que é uma violação dos princípios da publicidade e transparência.

Ademais, a intolerância à crítica pode afetar diretamente a saúde mental e o bem-estar dos próprios policiais. A resistência à mudança e a recusa em refletir sobre o próprio comportamento cria um ciclo de frustração e desgaste emocional. O policial, ao se negar a aceitar a crítica, coloca-se em um estado constante de negação, onde ele acredita que suas ações estão sempre corretas e que não há necessidade de melhorar. Isso pode gerar um sentimento de isolamento, insegurança e até *burnout*, já que o profissional sente que não pode aprender com suas experiências ou procurar apoio para melhorar. Do lado oposto, um policial que aceita a crítica e a usa como uma ferramenta de aperfeiçoamento se sente mais seguro em seu papel, mais preparado para lidar com os desafios da profissão e mais capacitado para atender às necessidades da sociedade. Ele compreende que o processo de crescimento é contínuo e que sua missão de servir e proteger está diretamente ligada ao seu compromisso com o aprendizado e com a evolução.

Em conclusão, a intolerância à crítica é um obstáculo sério para o bom desempenho de qualquer policial e, por consequência, para o sucesso da corporação policial. A polícia é uma instituição vital para a manutenção da ordem e da justiça em uma sociedade democrática, e, como tal, deve ser composta por profissionais que estejam abertos ao aprendizado, à reflexão e ao desenvolvimento contínuo. A crítica construtiva, tanto interna quanto externa, é uma das principais ferramentas para garantir que os policiais estejam sempre evoluindo e corrigindo suas falhas. Quando essa crítica é ignorada ou rejeitada, a polícia compromete não apenas o seu próprio sucesso, mas também a confiança da sociedade e, por fim, a segurança pública. Por isso, é essencial que a cultura policial promova um ambiente onde a crítica seja vista como uma oportunidade de crescimento, e não como uma ameaça. Apenas assim a polícia poderá manter sua função de proteger e servir com dignidade, eficiência e justiça.

FALTA DE AUTOCONTROLE

A falta de autocontrole, quando presente em um policial, é um dos defeitos mais graves que podem afetar tanto o desempenho individual quanto a eficácia de toda a instituição policial. A natureza da profissão exige uma disciplina férrea, uma constante vigilância sobre as próprias emoções e ações, pois o policial é constantemente exposto a situações de extremo estresse, tensão e risco. Nesse contexto, a capacidade de manter a calma, a racionalidade e o controle sobre os próprios impulsos é essencial para garantir que as ações tomadas sejam justas, apropriadas e, acima de tudo, seguras para a sociedade. A falta de autocontrole, por outro lado, pode transformar um profissional de segurança pública em uma ameaça não apenas para os cidadãos, mas também para os próprios colegas de profissão, para a integridade da instituição e para o respeito que a sociedade deve ter pela corporação.

A rotina policial é marcada por situações de constante pressão e confronto, onde o policial muitas vezes precisa tomar decisões rápidas e precisas, que podem ter consequências irreversíveis. Confrontos com criminosos armados, perseguições de alta velocidade, ações em situações de perigo de vida ou até mesmo o simples contato com cidadãos em situações de estresse podem exigir do policial uma dose considerável de autocontrole. A natureza emocionalmente intensa dessas situações não autoriza que o policial se permita perder o controle, pois isso pode resultar em respostas desproporcionais, agressões ou até mesmo em ações violentas que comprometem a missão de garantir a segurança e os direitos dos cidadãos. A falta de autocontrole, em momentos de crise, leva à tomada de decisões impulsivas que, frequentemente, são equivocadas e podem agravar ainda mais a situação. O policial impulsivo, ao reagir sem pensar, pode dar início a um ciclo de violência desnecessária, onde as consequências podem ser desastrosas não apenas para o público, mas também para ele próprio e para os colegas de trabalho.

    O problema da falta de autocontrole não se limita ao campo físico, mas também ao psicológico e emocional. Um policial que não consegue gerenciar suas próprias emoções pode ser mais suscetível ao estresse, à raiva, ao medo ou à frustração. Em situações de conflito, por exemplo, a raiva não controlada pode levar o policial a agir de maneira desproporcional, aplicando uma força excessiva, sem considerar a situação em sua totalidade. Isso compromete não somente a segurança dos envolvidos, mas também a ética e os princípios pelos quais a polícia deveria se guiar. A impulsividade, nesse sentido, está diretamente ligada à violência policial, sendo um dos principais fatores que explicam os casos de abuso de autoridade e o uso excessivo de força. Em muitos casos, a incapacidade de lidar com os próprios sentimentos e emoções leva o policial a recorrer à violência como uma forma de "controle" ou resposta, o que, ironicamente, mina sua capacidade de resolver a situação de maneira pacífica e racional.

    A falta de autocontrole também afeta o relacionamento do policial com seus colegas de profissão. O trabalho em equipe é essencial na atividade policial, pois muitas operações e tarefas exigem a colaboração de múltiplos profissionais. A incapacidade de controlar impulsos pode gerar conflitos interpessoais, prejudicando a união do grupo e afetando diretamente a eficácia das operações. Policiais que não conseguem manter o autocontrole em situações de tensão podem causar mal-estar, desconfiança e até mesmo divisões dentro da corporação. Um policial impetuoso, que não respeita o espaço ou as opiniões dos outros, pode criar um ambiente de trabalho tóxico, onde os colegas se sentem inseguros e desconfortáveis, o que impacta negativamente no moral da equipe. Em uma situação de confronto, a falta de controle emocional pode comprometer a execução de uma operação, tornando a ação desorganizada e arriscada, ao invés de estratégica e eficiente. Em vez de se complementar, os policiais se tornam um fardo uns para os outros, em um ciclo de estresse e desconfiança.

Outro ponto importante a ser destacado é que a falta de autocontrole compromete a imagem da polícia perante a sociedade. A polícia deve ser vista como uma instituição imparcial, justa e comprometida com o bem-estar da população. A impulsividade e a incapacidade de controlar emoções são vistas, pela sociedade, como sinais de descontrole e falta de profissionalismo. Quando um policial se deixa levar por emoções como raiva ou frustração e age de maneira agressiva ou impetuosa, ele compromete a confiança da população na polícia. A polícia, como qualquer instituição pública, depende da confiança dos cidadãos para que suas ações sejam legítimas e eficazes. A falta de autocontrole pode resultar em uma ruptura dessa confiança, alimentando uma percepção negativa da polícia e criando um ciclo de desconfiança mútua entre os policiais e a população. A ausência de controle emocional pode ainda gerar incidentes de brutalidade policial, que ganham repercussão pública e geram protestos, comprometendo a imagem da corporação como um todo.

Ademais, a falta de autocontrole afeta diretamente o cumprimento da função de garantir os direitos dos cidadãos. O papel do policial é ser uma autoridade que atua com discernimento, baseando suas decisões na lei, nos direitos humanos e nas melhores práticas de policiamento. Um policial impulsivo, que não consegue manter a compostura, pode agir de forma desproporcional, violando direitos e prejudicando aqueles que deveria proteger. A falta de autocontrole também pode resultar em discriminação, preconceito e violência contra pessoas em situação de vulnerabilidade. Policias que não sabem se controlar em momentos de frustração ou indignação podem projetar essas emoções em suas ações, tomando decisões injustas ou violentas contra aqueles que, por alguma razão, despertam sua raiva ou irritação. Isso fere o princípio de imparcialidade que deve orientar todas as ações policiais e cria um ciclo de abuso de poder que prejudica a confiança da comunidade na instituição.

Além dos efeitos imediatos, a falta de autocontrole também tem repercussões a longo prazo para a saúde mental do policial. Profissionais que constantemente perdem o controle emocional em situações de estresse podem desenvolver problemas de saúde mental, como ansiedade, depressão e estresse pós-traumático. O estresse acumulado e o desgaste emocional de não saber lidar com as situações adversas da profissão afetam diretamente o bem-estar do policial, levando a uma redução de sua eficácia no trabalho e, em muitos casos, ao afastamento da função. Além disso, um policial que não sabe gerenciar suas emoções pode se tornar mais suscetível a comportamentos autodestrutivos, como o abuso de substâncias, o que agrava ainda mais sua condição e compromete sua capacidade de atuar de maneira adequada. A saúde mental do policial deve ser uma prioridade, e o autocontrole é uma das bases para o desenvolvimento de uma resistência emocional saudável em face dos desafios da profissão.

Finalmente, a falta de autocontrole pode ser um reflexo de falhas na formação e no treinamento do policial. Embora a formação técnica em aspectos de segurança, investigação e táticas seja primordial, a habilidade de lidar com as próprias emoções e manter o autocontrole em situações de alta pressão deve ser igualmente trabalhada. O treinamento psicológico, o desenvolvimento de inteligência emocional e a capacitação para lidar com estresse são fundamentais para garantir que o policial não apenas execute suas funções com eficiência, mas também de maneira ética e justa. A falta de autocontrole deve ser vista como uma falha a ser corrigida, seja por meio de treinamento contínuo, apoio psicológico ou programas de desenvolvimento pessoal. A polícia precisa de profissionais capacitados não apenas tecnicamente, mas também emocionalmente, para que sua missão de proteger e servir à sociedade seja cumprida com dignidade, respeito e justiça.

Em suma, a falta de autocontrole em um policial compromete não somente o sucesso da missão policial, mas também a segurança, os direitos e a dignidade da população. A capacidade de manter o controle sobre os próprios impulsos é uma habilidade essencial que reflete diretamente a responsabilidade, a ética e o respeito que o policial deve ter por sua função e pela sociedade que serve. A busca pelo autocontrole é, portanto, uma jornada constante de autoconhecimento, autodisciplina e aprimoramento, que garante que o policial atue de maneira justa, eficaz e sensata, contribuindo para a construção de uma sociedade mais segura e igualitária para todos.

NEGLIGÊNCIA

A negligência, quando se manifesta no comportamento de um policial, pode ser uma das falhas mais perigosas e prejudiciais dentro da instituição policial, refletindo não apenas em uma baixa no desempenho da própria corporação, mas também na segurança pública e no bem-estar da sociedade. A natureza do trabalho policial exige constante vigilância, competência e um compromisso inabalável com a ética e a responsabilidade. Em cada operação, cada abordagem, cada interação com a comunidade, a atenção aos detalhes e o cumprimento rigoroso dos protocolos são imperativos. A negligência, por sua vez, é a falha em atender a essas exigências básicas, muitas vezes resultando em falhas que podem ter consequências irreversíveis para os cidadãos, para a polícia e para a própria reputação da corporação.

No contexto policial, a negligência se manifesta de várias formas, seja pela falta de atenção aos procedimentos, pela omissão de ações importantes ou pela desatenção às situações de risco iminente. Isso pode ocorrer em qualquer estágio das atividades policiais, desde a investigação de crimes até as operações em campo, onde cada decisão precisa ser tomada com precisão e responsabilidade. Um policial negligente é aquele que falha em observar as normas e protocolos estabelecidos, não se importa com os detalhes que podem ser cruciais para o sucesso de uma operação ou ignora a importância de cada ato dentro da sua função. Por exemplo, um policial que falha em seguir as orientações de segurança em uma abordagem de rotina ou que ignora o treinamento sobre como lidar com situações de risco, coloca a si mesmo, seus colegas e, mais importante, a sociedade em perigo. A negligência na execução dessas atividades pode comprometer o resultado de uma missão e até mesmo aumentar o risco de confrontos violentos, erros judiciários ou ferimentos, tornando a falha mais do que uma simples desatenção, mas uma falha estrutural com possíveis consequências trágicas.

Em muitos casos, a negligência também está ligada ao desinteresse do policial pelo cumprimento das responsabilidades mais fundamentais da profissão, como a de zelar pela segurança pública, proteger os direitos dos cidadãos e agir com imparcialidade. O policial negligente pode ser aquele que não se preocupa em ser eficiente, que desconsidera os riscos de sua omissão ou que age sem pensar nas consequências de suas ações. Isso pode ocorrer de diversas maneiras: desde falhar em garantir que as evidências sejam tratadas corretamente, permitindo que informações vitais se percam ou sejam mal interpretadas, até não seguir as etapas adequadas em uma investigação, comprometendo o trabalho da polícia como um todo. Quando um policial age dessa forma, não apenas compromete sua própria atuação, mas afeta toda a corporação, gerando um impacto negativo em outras operações e enfraquecendo o funcionamento da instituição como um todo.

A negligência também tem consequências diretas para a integridade do relacionamento entre a polícia e a comunidade. Quando um policial falha em agir de maneira diligente, ele enfraquece a confiança que os cidadãos têm na instituição que deveria protegê-los. A confiança pública é o pilar sobre o qual a polícia se apoia para realizar seu trabalho. Quando um policial ignora suas responsabilidades, falha em suas funções ou se mostra desinteressado em agir com rigor, ele transmite uma mensagem de que a segurança pública não é prioridade. Isso pode gerar um ciclo vicioso de desconfiança e alienação entre os policiais e a sociedade, criando um cenário onde a colaboração mútua se torna cada vez mais difícil. A negligência, portanto, tem efeitos profundos sobre a legitimidade da polícia, prejudicando sua missão de servir e proteger a população de maneira justa e imparcial.

Além disso, a negligência pode levar a falhas significativas no processo judicial. A falha em coletar, preservar ou documentar adequadamente provas em uma investigação policial pode resultar em erros judiciais, onde criminosos podem ser absolvidos por falta de evidências, ou, pior ainda, pessoas inocentes podem ser acusadas injustamente. O impacto disso não afeta apenas os indivíduos diretamente envolvidos, mas também compromete o funcionamento do sistema de justiça como um todo. Quando a negligência se infiltra no processo de investigação, no tratamento de evidências ou no cumprimento de procedimentos legais, o próprio processo judicial se torna falho e injusto, o que gera uma série de efeitos danosos que reverberam além da simples falha de um policial. O desprezo por regras de conduta e pela legalidade prejudica, assim, a qualidade e a credibilidade do sistema de justiça criminal, enfraquecendo as bases sobre as quais a sociedade acredita ser protegida.

Um aspecto particularmente preocupante da negligência policial é a sua relação com o comportamento de risco. O policial negligente pode subestimar os perigos de uma situação, agir sem a devida cautela ou falhar em avaliar adequadamente a segurança pessoal e dos outros. Em operações de risco, como confrontos armados ou perseguições, a falta de atenção aos detalhes pode resultar em um comportamento impensado, onde a segurança é colocada em segundo plano. Isso pode levar a situações que, em vez de serem resolvidas de maneira controlada, resultam em confrontos desnecessários, aumento do número de vítimas e descontrole. A negligência, nesse caso, não é apenas uma falha de julgamento, mas também uma falha de responsabilidade em garantir que todas as precauções sejam tomadas, que todas as análises sejam feitas antes de tomar uma ação. Isso compromete não somente o sucesso da missão, mas também a segurança de todos os envolvidos, incluindo cidadãos e colegas de profissão.

Ademais, a negligência dentro da corporação pode se espalhar e criar uma cultura de desleixo, onde os profissionais começam a encarar as falhas como algo normal ou até aceitável. Se um policial negligente não é corrigido ou punido, seus comportamentos podem ser imitados por outros, criando um ambiente de trabalho em que o desinteresse e a falta de comprometimento se tornam comuns. Isso cria um efeito cascata de baixa performance e compromete ainda mais a eficiência da instituição. A negligência, assim, pode ser vista como uma falha sistêmica, não restrita a um único indivíduo, mas refletindo um problema mais amplo dentro da corporação. Nesse sentido, o combate à negligência deve ser uma prioridade institucional, com processos de fiscalização, monitoramento e treinamento contínuo para garantir que todos os policiais se mantenham atentos, comprometidos e preparados para o desempenho de suas funções.

A negligência também é uma das principais causas de incidentes de abuso de autoridade e até de violência policial. Quando um policial negligencia o cumprimento dos direitos dos cidadãos, ao não seguir as normas de abordagem, por exemplo, ele pode agir de maneira agressiva ou desproporcional, o que pode resultar em lesões, abusos ou outras violências. A falta de zelo pelo comportamento adequado em situações de risco pode fazer com que um policial aja de maneira precipitada ou inadequada, ignorando a necessidade de avaliação e a manutenção do controle da situação. Além disso, a negligência pode se manifestar no desrespeito aos direitos humanos e na falta de sensibilidade nas abordagens, especialmente em comunidades vulneráveis. A omissão do cumprimento das diretrizes sobre o uso da força ou sobre o tratamento adequado das pessoas pode gerar situações de violência desnecessária e prejudicar a imagem da polícia.

Por fim, a negligência tem também um impacto profundo na saúde mental do policial. Quando um policial falha em suas responsabilidades e age de forma negligente, ele não apenas compromete a segurança pública, mas também sua própria integridade emocional. O estresse gerado por não cumprir suas tarefas de maneira adequada, a vergonha e o arrependimento por erros cometidos, podem afetar negativamente o bem-estar mental do policial, levando a problemas de saúde mental, como ansiedade, depressão e até transtornos de estresse pós-traumático. O efeito cumulativo da negligência pode gerar um ciclo de baixa autoestima e desgaste emocional, afetando não só o policial negligente, mas também seus colegas e familiares.

Portanto, a negligência é um defeito grave que coloca em risco não apenas a segurança pública, mas também a eficácia e a credibilidade da polícia como instituição. Ela compromete o relacionamento com a comunidade, enfraquece a confiança pública e cria um ambiente de trabalho instável e ineficaz. O combate à negligência deve ser um compromisso constante, que envolva treinamento, disciplina e um forte compromisso ético com a função policial. A superação da negligência passa por uma cultura de responsabilidade, onde cada policial entende a importância de suas ações e a necessidade de cumprir com rigor as obrigações que sua profissão exige.

CONIVÊNCIA COM O CRIME

A conivência com o crime, dentro do contexto policial, é uma das mais graves falhas que um policial pode cometer, não apenas por ser uma violação direta dos princípios que regem a profissão, mas por seu impacto profundo e devastador tanto para a corporação quanto para a sociedade. Como reiteradas vezes falado, a confiança pública na polícia é construída com base na crença de que aqueles que desempenham o papel de proteger a sociedade são íntegros, justos e comprometidos com a lei. Quando um policial se envolve com o crime ou fecha os olhos para as práticas criminosas, ele trai essa confiança e subverte a própria função da polícia, comprometendo a segurança da comunidade e a legitimidade da força policial.

A conivência com o crime no seio da polícia não é uma falha isolada ou pontual. Ela reflete uma falha profunda na ética e na moral de um policial, que não apenas se omite em sua responsabilidade de combater a criminalidade, mas também pode ativamente participar de atividades ilícitas, seja por razões financeiras, por pressão externa ou por uma distorção da percepção sobre o que é certo e errado. A natureza da profissão exige do policial uma vigilância constante, a observância da lei e o compromisso inabalável com a justiça. Ser conivente com o crime, seja por ação ou omissão, é uma forma de traição tanto à corporação quanto à sociedade, pois o policial se torna cúmplice da ilegalidade, protegendo criminosos e, muitas vezes, permitindo a perpetuação de ações que prejudicam a coletividade.

O tipo de conivência com o crime pode variar, mas suas consequências são sempre devastadoras. Pode-se falar de uma conivência passiva, quando o policial sabe da prática criminosa e escolhe ignorá-la, ou de uma conivência ativa, quando o policial colabora diretamente com a prática de atividades ilícitas, seja através do tráfico de drogas, da extorsão, da proteção a organizações criminosas ou até mesmo de manipulação de investigações para encobrir crimes. Em qualquer uma das modalidades, a consequência é a mesma: a quebra de um dos pilares mais importantes da polícia, que é a confiança. Quando um policial se envolve com o crime, ele mancha e agride a própria essência da função policial, pois deixa de ser um agente da lei para se tornar, em certos casos, um aliado do crime. Isso prejudica não apenas a reputação da corporação, mas também o trabalho árduo dos outros policiais que buscam, com esforço e comprometimento, cumprir sua missão de combater o crime e proteger a sociedade.

A conivência com o crime, além de comprometer a polícia enquanto instituição, gera um efeito devastador sobre a relação entre a polícia e a sociedade. A confiança que a população deposita na polícia, esperando que ela seja uma força de proteção e justiça, é rapidamente corroída quando os cidadãos percebem que alguns policiais estão diretamente envolvidos em atividades criminosas. Isso cria um ciclo de desconfiança e medo, onde os cidadãos se tornam céticos em relação à capacidade da polícia de protegê-los de maneira imparcial e justa. O distanciamento entre a polícia e a comunidade aumenta e a colaboração mútua, que é fundamental para o sucesso da prevenção e combate ao crime, se torna mais difícil. Em uma sociedade onde a criminalidade está em ascensão e onde a violência e a impunidade são uma realidade, a conivência de um policial com criminosos é um golpe duro para a confiança pública e a eficácia do sistema de justiça como um todo.

Para além da relação com a sociedade, a conivência com o crime também tem implicações devastadoras no sistema de justiça. A atuação de policiais envolvidos com o crime pode resultar na manipulação de investigações, no descarte ou na adulteração de provas, na tortura de suspeitos ou na encenação de crimes. Essas práticas comprometem a busca pela verdade e distorcem a função da polícia, transformando-a em um mecanismo de opressão e injustiça. O papel da polícia não é somente prender criminosos, mas também garantir que as investigações sejam conduzidas de maneira ética, imparcial e dentro dos limites da lei. Quando um policial se torna conivente com o crime, ele não apenas falha em sua função de proteger a sociedade, mas também cria um ambiente em que a impunidade prevalece e onde as vítimas da criminalidade são, muitas vezes, ainda mais prejudicadas. Esse tipo de comportamento prejudica os direitos fundamentais dos cidadãos e coloca em risco a integridade de todo o sistema de justiça criminal.

Em acréscimo ao cipoal de mazelas, a conivência com o crime enfraquece o moral e a disciplina dentro da própria corporação. Quando práticas ilícitas não são devidamente punidas e os policiais envolvidos com atividades criminosas não são responsabilizados, cria-se um ambiente onde a ética é relativizada e o comprometimento com a lei e a justiça se torna secundário. Outros policiais podem começar a se sentir desmotivados, acreditando que o comportamento ilegal será tolerado ou até mesmo encorajado dentro da instituição. Esse ambiente de impunidade pode corroer a moral da corporação, levando a uma quebra de disciplina e comprometendo a eficácia das operações policiais. A disciplina dentro da polícia é um dos pilares que assegura que os policiais cumpram suas funções de forma correta e eficiente, e a conivência com o crime pode desestabilizar esse pilar, criando um ciclo de corrupção e descaso que, eventualmente, pode se espalhar por toda a corporação.

Outro ponto importante é que a conivência com o crime também prejudica a saúde mental e o bem-estar dos próprios policiais envolvidos. Embora o lucro financeiro ou o poder momentâneo possam parecer atraentes, o envolvimento com atividades ilícitas geralmente leva a sentimentos de culpa, paranoia e insegurança. O policial conivente vive em um constante estado de tensão, temendo ser descoberto e punido, o que pode gerar sérios problemas psicológicos e emocionais. A pressão para manter o segredo ou a obrigação de continuar alimentando a rede criminosa pode resultar em um desgaste mental profundo, afetando não apenas a vida profissional do policial, mas também sua vida pessoal e emocional. A culpa e o medo de ser exposto podem levar a distúrbios de saúde mental, como depressão, ansiedade e transtornos de estresse pós-traumático, que prejudicam ainda mais a qualidade de vida do policial e sua capacidade de desempenhar bem seu trabalho.

    Dessa maneira, a conivência com o crime é um problema que vai além de uma falha individual; ela afeta a corporação como um todo, corrompe os sistemas de justiça e prejudica a relação com a comunidade. O combate a esse tipo de comportamento exige não apenas uma ação rigorosa contra os infratores, mas também a criação de uma cultura institucional que seja firme no compromisso com a ética e a transparência. Deve haver uma vigilância constante, com sistemas eficazes de denúncia e proteção para os policiais que desejam manter a integridade da profissão, bem como mecanismos claros de responsabilização para aqueles que se desviarem da lei. O policial que se comprometer com o crime precisa ser removido da corporação, e todos os esforços devem ser feitos para restaurar a confiança da sociedade e garantir que a polícia continue a ser uma verdadeira defensora da lei e da justiça.

    Em última instância, a conivência com o crime é um sintoma de um sistema falido e uma reflexão da incapacidade de uma instituição de garantir que seus membros cumpram seus deveres de maneira ética e responsável. Superar esse problema exige uma transformação profunda e um compromisso renovado com a missão fundamental da polícia: proteger os cidadãos, fazer cumprir a lei e promover a justiça, sem jamais se deixar corromper pela tentação do poder ou do ganho ilícito.

INSUBORDINAÇÃO

A insubordinação, no contexto policial, é uma das falhas mais danosas não somente para o bom funcionamento da corporação, mas também para a segurança pública e a confiança da sociedade na polícia. A polícia é uma instituição baseada em valores de hierarquia, disciplina e respeito mútuo, sendo esses princípios essenciais para garantir que os agentes de segurança pública possam trabalhar de forma coesa, eficiente e em conformidade com as normas legais. Quando um policial se insubordina, seja ao desobedecer ordens diretas de seus superiores ou ao desconsiderar as diretrizes que regem o comportamento dentro da corporação, ele não só coloca em risco o sucesso de sua própria atuação, mas também afeta diretamente o funcionamento de toda a estrutura policial e, consequentemente, a segurança da população.

A hierarquia dentro da polícia é mais do que uma simples organização de níveis de autoridade. Ela representa uma rede complexa de responsabilidades e relações, onde cada agente tem um papel bem definido, e onde a obediência às ordens é vista como uma necessidade operacional para o cumprimento eficaz das missões. Em qualquer operação policial, a capacidade de agir de forma coordenada e unificada pode significar a diferença entre o sucesso e o fracasso. Quando um policial se recusa a seguir ordens ou decide agir por conta própria, ele não apenas desrespeita a estrutura hierárquica, mas também compromete a eficácia das ações coletivas, tornando as operações policiais mais suscetíveis a falhas. A insubordinação, portanto, não se limita a um desvio individual; ela tem o potencial de prejudicar todo o funcionamento da corporação, tornando o trabalho da polícia mais arriscado e menos eficiente.

Além disso, a insubordinação dentro da polícia pode ser vista como uma afronta aos valores fundamentais que sustentam a própria instituição. A polícia é uma profissão que exige confiança, respeito e comprometimento com a justiça. Quando um policial se insubordina, ele enfraquece essa confiança e coloca em perigo a relação da corporação com a sociedade. A população, ao confiar sua segurança à polícia, espera que os policiais cumpram suas funções de forma ética, responsável e profissional. A quebra dessa confiança, que pode ocorrer quando a insubordinação se torna frequente, gera um efeito cascata que prejudica a reputação da instituição, tornando a polícia mais vulnerável a críticas e desconfiança. Se um policial é visto desobedecendo ordens ou desconsiderando a hierarquia, a população pode começar a questionar a competência da corporação e a legitimidade de sua atuação. Em um momento de crise, essa desconfiança pode ser ainda mais prejudicial, comprometendo a colaboração da comunidade com a polícia e dificultando o trabalho de manutenção da ordem.

A insubordinação não é apenas um ato de desobediência, mas muitas vezes está ligada a questões mais profundas, como a insatisfação com a liderança ou com as condições de trabalho. Quando um policial sente que suas preocupações não estão sendo ouvidas ou que sua autoridade está sendo desvalorizada, ele pode desenvolver um sentimento de frustração que leva à insubordinação. No entanto, mesmo diante dessas dificuldades, o comportamento de desrespeitar ordens ou desafiar a hierarquia nunca pode ser considerado uma resposta apropriada. O policial tem o dever de buscar maneiras mais construtivas de resolver suas insatisfações, seja por meio de canais de comunicação dentro da corporação, seja por meio de mecanismos que permitam a melhoria das condições de trabalho ou a revisão de práticas de gestão. A insubordinação, portanto, não é apenas uma violação direta das normas, mas uma falha em encontrar soluções dentro do devido processo, bem como desrespeito pela estrutura da corporação. Ignorar ou romper com a hierarquia não só prejudica o funcionamento da polícia, mas também enfraquece o próprio policial, que, ao agir impulsivamente, perde o foco na missão de proteger e servir à sociedade.

A importância da obediência no contexto policial vai além da disciplina e da ordem. Ela reflete o respeito ao processo de tomada de decisões dentro de uma corporação que lida com situações de alto risco e grande complexidade. Cada ordem dada por um superior tem um propósito estratégico, muitas vezes fundamentado em uma visão mais ampla da operação ou da situação em questão. A insubordinação pode, portanto, ser encarada como um modo de desconsideração para com o julgamento de um superior, que pode ter uma visão mais clara da situação ou da missão como um todo. O policial, ao se rebelar contra ordens que julga injustas ou equivocadas, pode estar comprometendo o sucesso de uma operação que depende da coordenação de múltiplos agentes e da execução precisa de cada tarefa. Por exemplo, em uma situação de refém, onde cada movimento precisa ser cuidadosamente calculado, a desobediência de um policial a uma ordem pode resultar em consequências fatais para as vítimas e para os agentes envolvidos. Assim, a insubordinação, ao colocar em risco a operação, não é apenas uma falha de conduta, mas uma falha no cumprimento da missão fundamental da polícia: proteger a sociedade.

Todavia, a insubordinação dentro da polícia também gera um impacto negativo na moral e no espírito de equipe. A polícia é uma força coletiva que depende da colaboração entre seus membros para cumprir suas funções de forma eficaz. Quando um policial se insubordina, ele não só prejudica o andamento das operações, mas também cria um clima de desconfiança e divisão entre os colegas de trabalho. A harmonia dentro da corporação é essencial, pois o trabalho policial muitas vezes exige um esforço conjunto, em que cada membro deve confiar na competência e no comprometimento do outro. A insubordinação cria um ambiente de desrespeito à autoridade, mas também pode gerar desmotivação e um clima de rivalidade, onde os policiais começam a questionar a liderança e a capacidade dos outros de cumprir suas funções. Esse tipo de ambiente pode ser especialmente tóxico, pois enfraquece a coesão da corporação, basilar para o desempenho de suas funções com excelência.

Outro ponto relevante é que a insubordinação, quando não tratada de maneira adequada, pode gerar uma cultura de desrespeito à disciplina e à hierarquia dentro da polícia. Um comportamento insubordinado, se não for confrontado e corrigido, pode ser interpretado como algo aceitável, criando um ciclo vicioso onde outros policiais podem se sentir à vontade para também desafiar a autoridade ou agir de maneira contrária às ordens. Esse comportamento, ao se espalhar, enfraquece o próprio sistema de controle interno da polícia e pode resultar em um colapso na ordem e na disciplina da instituição. A insubordinação, portanto, se não for devidamente tratada, pode se tornar uma prática institucionalizada, afetando a eficácia da corporação e tornando-a vulnerável a falhas graves.

Por fim, a resolução do problema da insubordinação dentro da polícia exige um compromisso com a formação e a educação continuada dos policiais, bem como a criação de um ambiente de trabalho saudável, onde as lideranças estejam acessíveis para ouvir as preocupações de seus subordinados e oferecer soluções construtivas. Além disso, é imprescindível que haja um sistema disciplinar claro, transparente e justo, que seja capaz de identificar e corrigir comportamentos insubordinados de maneira eficaz, garantindo que os policiais entendam as consequências de suas ações. Somente com uma combinação de liderança forte, comunicação eficaz e disciplina rigorosa será possível evitar que a insubordinação se instale na cultura da corporação, preservando a confiança pública, a eficácia das operações e o bem-estar dos próprios policiais.

Em síntese, a insubordinação dentro da polícia é uma falha que compromete não apenas a eficiência operacional, mas também a integridade da instituição como um todo. A polícia depende da disciplina, do respeito à hierarquia e da confiança entre seus membros para cumprir sua missão de proteger a sociedade. O policial que se insubordina não apenas coloca em risco a segurança pública, mas também enfraquece a corporação e a relação da polícia com a população. Para garantir que a polícia continue a ser uma instituição eficaz e confiável, é essencial que a insubordinação seja tratada com seriedade, por meio de uma liderança firme e de políticas institucionais que promovam o respeito à ordem, à hierarquia e à missão policial.

IRRESPONSABILIDADE

A irresponsabilidade, no contexto policial, é uma característica profundamente danosa que pode afetar não apenas o desempenho individual do policial, mas também comprometer a integridade de toda a corporação e, por conseguinte, prejudicar a segurança pública de maneira ampla e significativa. A responsabilidade, enquanto valor fundamental, é o que torna a profissão policial uma das mais exigentes e necessárias para o bom funcionamento de uma sociedade. Quando um policial age com negligência ou descompromisso, ele não só coloca em risco a sua própria vida, mas também ameaça a segurança de seus colegas de profissão, a confiança da população na polícia e a ordem pública de forma geral.

A natureza da função policial exige um nível elevado de compromisso, dado que a polícia é a responsável por garantir a segurança e a ordem em uma sociedade. A atuação policial requer precisão, disciplina e, acima de tudo, responsabilidade, pois decisões tomadas no calor do momento podem ter consequências irreversíveis. A irresponsabilidade de um policial pode ser vista de diversas formas, e seus efeitos se manifestam tanto no plano imediato da operação policial quanto nas relações de longo prazo entre a corporação e a sociedade. Quando um policial age sem o devido cuidado ou consideração, seja por desleixo, apatia ou pressa, ele compromete não só sua própria eficácia, mas também coloca em risco a operação, a integridade de suas ações e a confiança depositada pela população na polícia em sua totalidade.

Em termos operacionais, a irresponsabilidade de um policial pode se manifestar de muitas maneiras, desde ações apressadas, que resultam em falhas, até decisões mal ponderadas que causam danos irreversíveis. Em uma abordagem policial, por exemplo, um policial irresponsável pode tomar atitudes precipitadas, como o uso excessivo da força, sem avaliar adequadamente a situação e as consequências dessa ação. Esse tipo de comportamento não só prejudica o andamento da operação, mas também coloca em perigo a vida dos envolvidos, incluindo os cidadãos, os colegas de profissão e até o próprio policial. Além disso, ao agir de maneira impensada, o policial pode criar uma situação de escalada desnecessária, que poderia ser evitada com um pouco mais de reflexão e sensatez.

Ainda em um contexto operacional, a irresponsabilidade pode comprometer a segurança de um agente de polícia e, consequentemente, afetar a integridade da missão. O trabalho policial envolve riscos constantes, desde confrontos com criminosos até a necessidade de realizar ações em ambientes hostis ou de alta periculosidade, como em operações de combate ao tráfico de drogas ou ao terrorismo. Nessas situações, o comportamento do policial deve ser orientado por um profundo senso de responsabilidade, que deve guiar suas ações e decisões, sempre visando a segurança de todos os envolvidos e o cumprimento das normas legais e dos direitos humanos. Quando um agente de segurança age de modo irresponsável, ao subestimar riscos ou desconsiderar protocolos de segurança, ele coloca em perigo sua própria vida e de seus colegas, além de comprometer o sucesso da operação e até a própria imagem da corporação.

Ademais, a irresponsabilidade pode se refletir em uma falta de comprometimento com a ética e com os deveres profissionais do policial. Um policial irresponsável pode negligenciar suas responsabilidades diárias, como o cumprimento de horários, o acompanhamento adequado de investigações ou até o treinamento contínuo, o que comprometerá sua eficácia e a qualidade do serviço prestado. A falta de dedicação ao próprio desenvolvimento profissional reflete um desinteresse pela função e um afastamento das obrigações essenciais que devem ser cumpridas, prejudicando a corporação de maneira significativa. Um policial que não cumpre as tarefas rotineiras com seriedade, como a elaboração correta de relatórios ou a verificação de informações, pode gerar falhas no processo investigativo e judicial, o que, em última instância, comprometerá o andamento de investigações e processos legais.

Outro ponto fundamental é a responsabilidade com os outros membros da corporação. A polícia é uma instituição que depende da atuação coletiva, em que cada policial exerce um papel elementar para o sucesso das missões. A irresponsabilidade de um membro da corporação pode afetar diretamente seus colegas de trabalho, criando um ambiente de desconfiança e prejudicando o moral da equipe. A colaboração, a coordenação e o respeito mútuo entre os policiais são fundamentais para o desempenho da instituição como um todo. Quando um policial age de maneira irresponsável, seja ao desobedecer ordens ou ao falhar em cumprir seu dever, ele coloca seus colegas em uma posição difícil, podendo até mesmo colocar em risco a segurança de outros membros da equipe.

A irresponsabilidade também tem um impacto profundo sobre a relação da polícia com a comunidade. A sociedade confia à polícia a tarefa de proteger a ordem pública e garantir que as leis sejam cumpridas. Essa confiança deve ser constantemente cultivada, pois a imagem da polícia está diretamente ligada à percepção da sociedade sobre a competência e a integridade dos policiais. Quando um policial age irresponsavelmente, seja desrespeitando direitos dos cidadãos, utilizando a força de forma desproporcional ou tratando a população com negligência, ele não apenas quebra essa confiança, mas também enfraquece a autoridade e a legitimidade da corporação como um todo. A falta de responsabilidade de um policial pode gerar um efeito cascata, onde a desconfiança se espalha pela comunidade, dificultando o trabalho da polícia e prejudicando a colaboração da população com os agentes de segurança.

A irresponsabilidade, portanto, afeta a credibilidade da polícia, criando um ciclo vicioso onde a desconfiança e o desrespeito à autoridade policial aumentam. Esse tipo de comportamento compromete a capacidade da polícia de desempenhar suas funções de maneira eficiente e justa, criando uma barreira entre a corporação e a comunidade, que começa a questionar a competência e a ética dos policiais. A falta de responsabilidade dentro da polícia é um fator que prejudica a construção de um relacionamento de respeito e colaboração entre as forças de segurança e a sociedade, e deve ser combatida de forma rigorosa por meio de políticas de treinamento, supervisão e um sistema disciplinar efetivo.

Em relação à responsabilidade administrativa, a negligência de um policial também pode ser visualizada em sua falta de comprometimento com o cumprimento das normas internas da corporação. Os policiais têm um dever não apenas para com as operações no campo, mas também com a parte administrativa de sua profissão. Relatórios mal feitos, arquivos desorganizados ou o não cumprimento de prazos podem prejudicar a eficácia da polícia em áreas como investigações, processos judiciais ou até a gestão de recursos internos. A irresponsabilidade administrativa enfraquece a estrutura organizacional da corporação, dificultando o fluxo de trabalho e prejudicando a transparência e a precisão das ações policiais.

Por fim, a irresponsabilidade é uma característica que, quando enraizada dentro da polícia, pode ter efeitos devastadores, não só para o policial que a exibe, mas para a instituição em sua integralidade e para a sociedade que dela depende. Combater a irresponsabilidade exige, antes de tudo, uma cultura organizacional que valorize a responsabilidade e o compromisso com o serviço público. Isso passa por treinamentos contínuos, por um sistema de fiscalização eficiente e por uma estrutura de liderança capaz de identificar falhas e corrigi-las de maneira rápida e eficaz. A responsabilidade, mais do que uma obrigação, deve ser vista como um valor essencial para qualquer policial, fundamental para o bom desempenho das funções e para a manutenção da confiança da sociedade nas instituições de segurança pública.

Em última análise, a irresponsabilidade dentro da polícia compromete a eficácia da corporação, coloca em risco vidas humanas, prejudica a confiança da sociedade na polícia e corrói a própria imagem da instituição. A responsabilidade, portanto, deve ser cultivada e defendida com rigor, pois é ela que garante que a polícia cumpra sua missão com competência, respeito e em conformidade com os valores éticos que sustentam a profissão.

Somente com policiais responsáveis e comprometidos será possível garantir a segurança pública de maneira eficiente, justa e digna.

FALTA DE COMUNICAÇÃO

A comunicação no ambiente policial não se resume a um mecanismo de troca de informações; ela se traduz em um pilar sobre o qual repousa toda a eficácia das ações da corporação. O trabalho de um policial envolve uma série de desafios que exigem precisão, rapidez e coordenação, e, para que esses aspectos sejam alcançados de maneira satisfatória, a comunicação deve ser clara, eficiente e contínua. A falta de comunicação dentro da polícia pode ser fatal não apenas para os profissionais envolvidos, mas também para a sociedade que depende da segurança pública. Em um contexto onde a agilidade das decisões e a sincronização de esforços são fundamentais, a ausência de uma comunicação eficaz pode gerar falhas operacionais, danos irreversíveis à confiança pública e até mesmo aumentar os riscos nas abordagens de campo.

Uma das primeiras consequências mais imediatas da falta de comunicação é a falta de coordenação entre os membros da equipe policial. Quando os policiais não se comunicam de forma eficaz, há um comprometimento no fluxo das operações. Em missões complexas, onde múltiplos policiais e unidades devem trabalhar em conjunto, a ausência de comunicação pode resultar em mal-entendidos, falta de clareza nas ordens, e uma quebra no planejamento das estratégias. No campo, onde o tempo é crítico e as decisões devem ser tomadas rapidamente, um simples erro de comunicação pode resultar em falhas que são difíceis ou impossíveis de corrigir. Por exemplo, em uma operação de combate ao crime organizado, um policial que não repassa informações sobre a localização de suspeitos ou que não consegue fazer um alerta claro e imediato sobre um possível risco à segurança pode comprometer toda a missão. As consequências dessas falhas podem ser fatais tanto para os policiais envolvidos quanto para os civis que estão na área.

Em um nível mais amplo, a falta de comunicação também pode afetar a capacidade da polícia de se adaptar às necessidades dinâmicas da comunidade. Um dos pilares de uma força policial eficaz é a sua relação com os cidadãos, e essa relação é construída com base na transparência e no diálogo. Quando um policial falha em se comunicar de modo claro com os cidadãos, seja no momento de uma abordagem ou ao fornecer informações sobre direitos e procedimentos, o resultado imediato pode ser uma escalada do conflito, gerando um clima de desconfiança e hostilidade. A polícia, que deveria ser vista como uma instituição protetora e confiável, torna-se um agente distante e incompreensível. A comunicação inadequada, neste caso, prejudica não apenas a execução de tarefas, mas também mina a autoridade da corporação perante a população. E o impacto disso vai além de uma simples falha operacional: uma sociedade que não se sente compreendida ou respeitada por seus policiais tende a se afastar da polícia, tornando mais difícil o trabalho preventivo e investigativo.

Além disso, a falta de comunicação pode resultar na fragilidade da transparência das ações policiais. A população tem o direito de entender como as forças de segurança atuam, especialmente em situações de grande visibilidade, como grandes operações ou investigações de impacto. Quando a polícia não se comunica de maneira clara e eficaz sobre suas ações, há uma sensação de opacidade, o que gera desconfiança. Por exemplo, quando há uma operação de grande porte, a sociedade espera ser informada de maneira precisa sobre os objetivos e os procedimentos adotados, e, caso ocorram excessos, espera uma explicação convincente e transparente. A ausência de comunicação nesse sentido gera uma sensação de impunidade e de arbitrariedade, que enfraquece a legitimidade da polícia. A falta de clareza nas ações pode ser enxergada como uma tentativa de ocultar erros ou omitir informações essenciais, e isso tem um impacto negativo na confiança pública, que é um dos maiores ativos de qualquer força policial.

A ausência de comunicação dentro de uma corporação também enfraquece a capacidade de liderança. Para que um líder policial tenha sucesso em suas funções, ele precisa ser capaz de se comunicar de forma eficaz com seus subordinados, definindo expectativas, orientando suas ações e, ao mesmo tempo, ouvindo suas preocupações e sugestões. Um líder que não se comunica adequadamente com sua equipe compromete a moral e a motivação do grupo. Sem uma comunicação eficaz, os policiais podem ficar desinformados sobre suas funções, os procedimentos a seguir e a importância de sua atuação dentro de um contexto maior. Isso pode resultar em uma queda no desempenho da equipe, além de criar um ambiente de desconfiança e insegurança, onde a equipe se sente desorientada e desconectada dos objetivos da missão. A falta de comunicação entre superiores e subordinados mina, também, o sentido de camaradagem e de coesão, elementos essenciais para o bom trabalho de uma corporação policial.

Além do mais, a comunicação é crucial para o sucesso das investigações. A troca de informações entre diferentes unidades da polícia e entre policiais de diferentes níveis hierárquicos é primordial para garantir que o processo investigativo siga de maneira organizada e eficiente. A falta de comunicação entre os agentes envolvidos em uma investigação pode resultar em lacunas de informações que dificultam a resolução do caso, além de permitir que os criminosos explorem falhas na operação. O compartilhamento de informações precisa ser claro e preciso, para que todos os envolvidos estejam alinhados e possam contribuir da melhor maneira para o progresso da investigação. Quando há falhas nesse aspecto, a própria investigação pode perder a coerência e a eficiência, resultando em um atraso na justiça e em um enfraquecimento da segurança pública.

A comunicação também desempenha um papel importante no que diz respeito ao treinamento e ao desenvolvimento dos policiais. A troca de *feedbacks* entre superiores e subordinados é uma forma imprescindível de aprimorar o desempenho profissional e corrigir falhas antes que elas se tornem problemas maiores. Um policial que não tem um canal aberto e eficaz para se comunicar com seus superiores ou colegas sobre suas dificuldades, dúvidas ou preocupações está mais propenso a cometer erros. A falta de comunicação nesse sentido cria uma cultura de estagnação, onde os policiais não têm a oportunidade de aprender com seus próprios erros ou com a experiência de outros. Isso prejudica o desenvolvimento pessoal e profissional, criando um ciclo vicioso onde a falta de aperfeiçoamento contínuo se traduz em um trabalho policial menos qualificado e, consequentemente, menos eficaz.

Em situações de crise, como confrontos armados ou abordagens de alto risco, a comunicação entre policiais é vital para garantir a segurança de todos os envolvidos. A falta de comunicação nesse tipo de contexto pode levar a decisões precipitadas, mal-entendidos ou até tragédias, pois uma falha na coordenação pode resultar em erros de cálculo e na exposição desnecessária ao perigo. Em operações de resgate ou situações de reféns, por exemplo, a comunicação clara e precisa é crucial para garantir que todas as partes envolvidas sigam o plano de ação estabelecido, minimizando riscos e maximizando as chances de sucesso.

Portanto, a ausência de comunicação dentro de uma corporação policial pode ter implicações muito graves, não somente para os policiais que estão diretamente envolvidos nas operações, mas também para a relação da polícia com a sociedade e para a própria eficácia das missões de segurança pública. A comunicação é a espinha dorsal de qualquer organização e, no contexto policial, ela se torna ainda mais vital devido à complexidade, aos riscos e à pressão que envolvem o trabalho de segurança pública. Para garantir o sucesso das operações e a confiança da sociedade, a polícia precisa investir em treinamento de comunicação eficaz, que cubra tanto a troca de informações entre membros da corporação quanto a interação com o povo.

A habilidade de comunicar-se de maneira eficaz, seja em situações cotidianas, em momentos de crise ou em interações com a comunidade, é uma competência indispensável para qualquer policial. A falta dessa competência enfraquece a capacidade da polícia de agir de maneira eficiente e justa, prejudica a relação com a sociedade e põe em risco a segurança pública. Portanto, é fundamental que a corporação policial reconheça a importância de uma comunicação revestida de clareza, transparência e eficiência, investindo em estratégias que garantam que todos os policiais sejam treinados e preparados para se comunicar de forma adequada e eficaz, em qualquer contexto, com qualquer pessoa, para que possam cumprir sua missão de proteger e servir com excelência.

INDIFERENÇA

A indiferença no contexto da atuação policial é uma das características mais prejudiciais tanto para a eficiência das operações policiais quanto para a relação da corporação com a sociedade. Ela não se manifesta apenas na falta de interesse pelo bem-estar alheio, mas também na desconexão do policial com os princípios fundamentais da profissão, como a proteção das pessoas, a promoção da justiça e a preservação da ordem pública. Quando um policial adota uma postura indiferente, ele perde de vista o impacto humano de suas ações e a responsabilidade ética que lhe foi atribuída ao fazer parte de uma instituição voltada para a proteção dos direitos dos cidadãos. A indiferença, em sua essência, se traduz na incapacidade de se preocupar genuinamente com as consequências de suas atitudes ou de se importar com as necessidades e dificuldades da população que depende do trabalho policial.

Um policial indiferente ao sofrimento de uma vítima de violência, ao desespero de um cidadão em perigo ou à angústia de uma comunidade em crise não só compromete sua própria função como servidor público, mas também enfraquece a confiança que a sociedade deposita na polícia. A missão de proteger e servir requer que o policial tenha um compromisso emocional com seu trabalho, reconhecendo a gravidade e a importância de cada ação que toma. Quando a indiferença prevalece, a abordagem policial se torna fria e mecânica, sem a empatia necessária para lidar com situações complexas e emocionalmente carregadas. Por exemplo, em uma situação de violência doméstica, onde uma vítima de abuso busca ajuda, a indiferença de um policial pode resultar em um tratamento insensível, desrespeitoso ou, até mesmo, na negligência da gravidade da situação, o que pode levar a consequências devastadoras tanto para a vítima quanto para o próprio policial, que falhou em cumprir seu dever de proteger a sociedade de forma adequada.

Além disso, a indiferença pode se refletir em uma espécie de distanciamento da realidade social em que os policiais atuam. A corporação policial não existe em um vácuo; ela está inserida em uma sociedade com desigualdades sociais, econômicas e culturais que impactam diretamente a vida das pessoas e, consequentemente, as situações que os policiais encontram no seu cotidiano. A indiferença do policial a essas realidades pode gerar preconceitos, erros de julgamento e decisões prejudiciais. Quando um policial se torna insensível às desigualdades, ele pode acabar tratando as pessoas de maneira desigual, o que perpetua estigmas e injustiças sociais. Em um contexto de violência urbana, por exemplo, a indiferença de um policial pode resultar em uma abordagem agressiva, desproporcional ou até abusiva, uma vez que ele não se importa em compreender o contexto em que a pessoa está inserida. Isso cria uma relação de desconfiança entre a polícia e as comunidades mais vulneráveis, o que, por sua vez, prejudica a eficácia do trabalho policial e reforça as tensões sociais.

Ademais, a indiferença pode se refletir na falta de solidariedade dentro da própria instituição policial. O trabalho policial é, na maior parte das vezes, uma tarefa árdua e desafiadora, onde os agentes enfrentam situações de alto risco e pressão emocional. Quando um policial adota uma postura indiferente em relação aos seus colegas, não oferecendo apoio em momentos de dificuldade ou não colaborando para a construção de um ambiente de trabalho harmonioso, isso enfraquece o espírito de equipe, que é primordial para o bom funcionamento da corporação. A indiferença pode surgir de um distanciamento emocional, onde o policial não se importa com a saúde mental e física de seus pares, o que pode resultar em estresse excessivo, desmotivação e até *burnout*. Em casos mais graves, a falta de apoio mútuo pode levar ao isolamento de agentes em momentos críticos, o que aumenta os riscos de falhas nas operações ou na tomada de decisões.

Dentro da polícia, a indiferença também se reflete na desvalorização da própria missão policial. Um policial que não se importa com a ética, com os direitos humanos ou com o cumprimento da lei de modo justo e imparcial está, na verdade, colocando em perigo a integridade da instituição na sua totalidade. A indiferença em relação à ética pode levar ao descumprimento de normas e à adoção de comportamentos antiéticos, como a corrupção, o abuso de poder e a omissão de responsabilidades. A indiferença à missão de servir e proteger é uma forma de desvio de conduta que prejudica não só o trabalho do policial, mas também compromete o próprio conceito de segurança pública, levando à desconfiança generalizada por parte da população.

Outro aspecto importante a se considerar é o impacto da indiferença no processo de investigação policial. Um policial indiferente ao caso que está investigando pode negligenciar evidências cruciais, não se empenhar na busca de provas ou não ouvir com a devida atenção as testemunhas e as vítimas. A indiferença compromete a capacidade do policial de realizar uma investigação detalhada e justa, o que pode resultar em processos judiciais falhos e na liberação de criminosos por erros no inquérito. Em investigações de grande porte, como casos de tráfico de drogas ou de corrupção, a indiferença pode ser ainda mais danosa, pois impede que o policial veja além do superficial e se dedique de fato à resolução do caso. A indiferença pode até gerar uma postura de conformismo, onde o policial simplesmente "aceita" o fracasso de uma investigação sem tentar ir mais fundo, sem se preocupar com o impacto da sua falta de ação na comunidade e no sistema de justiça como um todo.

Além do mais, a indiferença também pode ser observada na forma como os policiais lidam com a população em situações cotidianas. Um policial indiferente ao sofrimento de um indivíduo em uma abordagem de trânsito, por exemplo, pode ser ríspido, desrespeitoso e até mesmo agressivo, criando um ambiente de hostilidade em vez de uma relação de confiança. Quando a população percebe que seus policiais são indiferentes ao seu bem-estar, ao seu direito de ser tratado com dignidade, a sensação de insegurança e medo aumenta. A indiferença, nesse caso, não só enfraquece a autoridade da polícia, mas também impede a construção de um relacionamento mais estreito entre os cidadãos e os agentes de segurança pública. A falta de empatia de um policial em relação aos seus deveres sociais e àqueles que ele deve proteger pode, ao longo do tempo, resultar em uma polícia deslegitimada, afastada da realidade e desconectada das necessidades da comunidade.

    A indiferença também tem um impacto significativo na formação e no treinamento dos policiais. Um policial indiferente ao aprendizado contínuo pode se tornar desatualizado e ineficaz no desempenho de suas funções. A polícia é uma profissão que exige constante evolução, seja no que diz respeito à formação técnica, seja no que tange ao desenvolvimento pessoal e ético. O treinamento é uma oportunidade vital para aprimorar as habilidades dos policiais, mas para que isso seja eficaz, é necessário que o policial se envolva com os processos de aprendizado e busque aplicar o conhecimento adquirido. A indiferença ao treinamento, por outro lado, gera profissionais menos preparados para enfrentar os desafios diários da profissão, o que impacta diretamente a qualidade do serviço prestado à sociedade.

    Em um nível mais amplo, a indiferença pode refletir uma falha estrutural dentro da própria corporação, onde práticas desumanas e desinteressadas se tornam parte do cotidiano policial. Se uma cultura de indiferença se espalha entre os membros da força policial, ela pode resultar em um ciclo vicioso de desrespeito à missão da polícia e a seus valores fundacionais. Para que a polícia seja eficaz, justa e respeitada pela sociedade, é essencial que seus membros se sintam motivados e empenhados na defesa dos direitos dos outros, no cumprimento das leis e na proteção da comunidade. A indiferença mina esse comprometimento, prejudicando a eficiência da corporação e, por conseguinte, afetando a segurança pública de forma geral.

    Portanto, a indiferença no contexto policial é uma falha grave que prejudica tanto a eficácia das operações quanto a confiança pública na instituição. Ela representa a desconexão com os valores fundamentais da profissão e a falta de sensibilidade para com as necessidades da sociedade. Um policial indiferente é, na verdade, um agente público que deixa de cumprir seu verdadeiro papel: proteger, servir e garantir justiça. A indiferença não tem espaço em uma corporação que deve atuar com empatia, responsabilidade e comprometimento, e é necessário que cada policial reconheça a importância de sua função, entendendo o impacto de suas ações nas vidas das pessoas e no funcionamento da sociedade como um todo. A busca por uma polícia mais eficiente, justa e respeitada passa necessariamente pela eliminação da indiferença e pela promoção de uma cultura de engajamento e respeito aos direitos humanos.

AGRESSIVIDADE

O trabalho policial exige, em grande parte, habilidades interpessoais, tomadas de decisão ponderadas e a capacidade de manter a calma em situações de alto estresse. Portanto, quando a agressividade se manifesta como uma característica constante ou exagerada, ela se torna um obstáculo ao bom desempenho das funções e à efetividade das políticas públicas de segurança.

Primeiramente, é importante compreender que a agressividade, nesse contexto, não se refere a ações de legítima defesa ou ao uso proporcional de força em situações de risco iminente. A agressividade como atributo do policial diz respeito a atitudes impulsivas, excessivamente hostis ou desnecessárias em situações onde a contenção, o diálogo ou a negociação seriam mais adequados. A agressividade se manifesta quando o policial, por exemplo, age de forma truculenta, usando força desproporcional, recorrendo a atitudes de intimidação e violência verbal ou se torna excessivamente rígido em sua postura, sem considerar as particularidades de cada situação.

A natureza do trabalho policial coloca o agente em contato constante com situações de tensão, risco e violência. A exposição frequente a essas circunstâncias pode, por um lado, fortalecer a capacidade de resistência emocional e psicológica do profissional, mas também pode, por outro, gerar um desgaste significativo, que se reflete em atitudes agressivas e impensadas. Quando um policial se vê cercado por uma constante pressão psicológica, a linha entre agir com rigor e adotar um comportamento agressivo torna-se tênue. A falta de apoio psicológico adequado e o estresse crônico podem levar o policial a agir de maneira impulsiva, prejudicando não só a sua saúde mental, mas também sua capacidade de exercer a função com responsabilidade e discernimento.

Em segundo lugar, a agressividade prejudica enormemente a relação do policial com a comunidade. Para que a polícia seja eficaz em sua missão, como tantas vezes mencionado, é indispensável que haja uma colaboração mútua entre a corporação e a população. O cidadão precisa sentir-se seguro e confiável ao interagir com a polícia, acreditando que seus direitos serão respeitados e que as ações policiais serão fundamentadas na justiça, e não em atitudes arbitrárias. Quando um policial adota uma postura agressiva, seja por meio de seu comportamento físico ou verbal, ele quebra essa relação de confiança, alimentando um ciclo de desconfiança, hostilidade e medo. Isso pode fazer com que a população se afaste da polícia, temendo represálias ou abusos de poder, o que torna ainda mais difícil a prevenção e o combate ao crime.

É importante notar que a agressividade pode gerar um efeito cascata dentro da própria corporação policial. O policial que age com agressividade em campo pode influenciar negativamente seus colegas, criando um ambiente de trabalho tóxico, onde o comportamento impulsivo é normalizado. Em uma instituição onde a agressividade prevalece, a cooperação, a confiança e o respeito entre os membros da equipe podem ser prejudicados, criando divisões internas e dificultando a coordenação em operações. Além disso, em um contexto de constante agressividade, pode surgir uma "cultura de violência", onde os policiais consideram o uso excessivo de força como algo aceitável ou até necessário, sem questionar sua ética ou legalidade.

A falta de autocontrole e a agressividade também se refletem no processo de tomada de decisões. O policial que age de forma impulsiva e agressiva tende a tomar decisões apressadas, sem avaliar de modo claro todas as opções disponíveis ou as consequências de suas ações. O treinamento policial enfatiza a importância da tomada de decisões com base na análise racional dos fatos, sempre considerando as alternativas mais adequadas para cada situação. No entanto, a agressividade interfere nesse processo, dificultando a avaliação precisa dos fatos e levando o policial a agir de maneira reativa, sem ponderação. Em muitas situações, a agressividade gera resultados desastrosos, como abordagens desnecessariamente violentas, prisões ilegais ou até mesmo o uso excessivo da força, que resultam em danos físicos e psicológicos tanto para os suspeitos quanto para os próprios policiais.

Outro ponto importante a ser discutido é o impacto da agressividade nas práticas de policiamento comunitário. A abordagem comunitária é uma estratégia que visa a construção de uma relação de confiança mútua entre a polícia e os cidadãos, com o objetivo de melhorar a segurança pública de forma colaborativa. Todavia, um policial agressivo pode facilmente destruir esse ambiente de confiança e cooperação. Quando um policial adota uma postura hostil ou autoritária, ele não só prejudica a interação com o cidadão, mas também desmotiva as pessoas a colaborar com a polícia. O resultado disso é um distanciamento ainda maior da população em relação às forças de segurança, o que dificulta a prevenção de crimes e a resolução de conflitos.

A agressividade no comportamento policial também pode resultar em sérios prejuízos jurídicos e institucionais. O uso desproporcional de força ou o comportamento agressivo de um policial pode gerar processos legais, investigações internas e, em casos extremos, resultando em ações judiciais contra a corporação. Isso não somente coloca a integridade do policial em risco, mas também prejudica a reputação da instituição. Em uma sociedade democrática, onde os direitos humanos devem ser respeitados por todos, é elementar que as forças de segurança sigam padrões éticos rígidos, garantindo que os direitos dos cidadãos sejam protegidos e respeitados em todas as circunstâncias. A agressividade policial é uma violação desses princípios e compromete o papel da polícia como defensora da lei e da justiça.

A saúde mental e o bem-estar dos policiais são aspectos fundamentais para a prevenção da agressividade no ambiente de trabalho. Policiais que não recebem apoio psicológico adequado ou que não têm a oportunidade de expressar suas frustrações de maneira construtiva podem desenvolver sintomas de estresse pós-traumático, ansiedade e até mesmo depressão. Esses problemas podem se manifestar como uma agressividade crescente, que se reflete em seu comportamento com os outros e em suas interações diárias. Para combater isso, é fundamental que as instituições policiais ofereçam suporte psicológico constante e estratégias de gerenciamento de estresse, como práticas de *mindfulness*, técnicas de respiração e exercícios físicos, para ajudar os policiais a lidarem melhor com a pressão constante de sua função.

Em acréscimo, o treinamento contínuo é uma das formas mais eficazes de prevenir a agressividade dentro da corporação policial. Os policiais devem ser constantemente treinados em habilidades de comunicação, resolução de conflitos e controle emocional, além de serem incentivados a refletir sobre a ética de suas ações no campo. A desescalada de situações de risco deve ser uma prioridade no treinamento policial, permitindo que os profissionais saibam como lidar com ocasiões potencialmente violentas sem recorrer à força física de modo desnecessário. A habilidade de manter a calma, ouvir o outro lado e buscar soluções pacíficas para os conflitos é essencial para garantir que a polícia exerça seu papel de maneira eficiente, justa e humanitária.

Em resumo, a agressividade é uma característica altamente prejudicial para o policial, pois compromete a eficácia de seu trabalho, a relação com a comunidade e a ética da própria corporação. Um policial agressivo não só prejudica a confiança pública, mas também pode contribuir para o aumento da violência, da desconfiança e da hostilidade em sua atuação. Para combater a agressividade, é necessário um investimento em treinamento, suporte psicológico e na construção de uma cultura institucional baseada no respeito, na empatia e no autocontrole. Apenas assim será possível garantir que a polícia cumpra sua missão de proteger e servir de forma justa, equilibrada e respeitosa.

DESLEIXO

O desleixo, enquanto característica de um policial, é uma falha que afeta profundamente a eficácia de seu trabalho, o respeito da sociedade pela instituição e a própria integridade das operações de segurança pública. Em uma profissão que exige constante vigilância, decisão rápida e responsabilidade em todas as ações, o desleixo compromete não só os resultados da missão policial, mas também o relacionamento com a população, a credibilidade da corporação e, em última instância, a segurança pública de maneira geral. A prática de um trabalho policial eficiente exige o máximo de atenção aos detalhes, a observância das normas e procedimentos e o comprometimento com a missão de proteger e servir. Quando qualquer um desses pilares é negligenciado, as consequências podem ser devastadoras.

O desleixo de um policial pode se manifestar de diversas formas. Uma das mais evidentes é a negligência no cumprimento de protocolos e procedimentos operacionais padrão (POPs). No dia a dia, um policial é desafiado a tomar uma série de decisões, muitas delas em situações de alto risco e pressão, onde cada movimento deve ser calculado e estratégico. No entanto, quando o policial age de maneira desleixada, pode descuidar das etapas fundamentais de uma abordagem, investigação ou missão, o que pode resultar em falhas graves. A falta de cuidado com os detalhes, como a adequada coleta de evidências, o armazenamento correto de materiais e até mesmo a correta documentação de uma ocorrência, pode comprometer uma investigação e afetar diretamente a qualidade da ação policial. O desleixo em cumprir tais procedimentos compromete a qualidade do trabalho realizado e pode até inviabilizar ações em que o sucesso depende de cada pequeno detalhe.

Em situações de abordagem, o desleixo também é prejudicial. Um policial desleixado pode deixar de observar os sinais cruciais para a avaliação da situação de perigo. A falta de atenção nas interações com o público, a negligência na avaliação de possíveis perigos ou a falta de vigilância nas proximidades pode colocar em risco a segurança do próprio policial, de seus colegas e dos cidadãos envolvidos. O desleixo se traduz aqui não só como falta de zelo, mas também como uma falha de julgamento, que pode resultar em perigos desnecessários ou em situações que poderiam ser evitadas com o mínimo de cuidado. A ausência de um comportamento profissional e cuidadoso em momentos críticos é um reflexo direto de desleixo e pode ter consequências irreversíveis.

Outro aspecto importante do desleixo em um policial é a sua repercussão dentro da própria corporação. A polícia funciona como uma organização hierárquica e colaborativa, na qual a confiança mútua e a responsabilidade são fundamentais para o bom desempenho das operações e para a manutenção da disciplina interna. Quando um policial demonstra desleixo, ele não só compromete o seu próprio trabalho, mas também influencia negativamente os colegas ao seu redor. O comportamento de um indivíduo dentro da corporação pode ser contagiante, e se o desleixo for tolerado ou não combatido, pode criar uma cultura organizacional de desinteresse, desmotivação e baixa eficiência. A desorganização e a falta de comprometimento do policial desleixado podem levar a falhas de comunicação entre as equipes, à perda de foco nas missões e à criação de um ambiente de trabalho onde o desempenho individual e coletivo não é prioritário. Isso não só prejudica a qualidade do serviço policial, mas também afeta a moral de toda a equipe.

O desleixo também se reflete no relacionamento entre a polícia e a sociedade. A confiança do público na corporação depende de diversos fatores, entre eles a competência e a seriedade dos policiais em sua atuação. Quando um policial age de maneira desleixada, seja negligenciando o treinamento, deixando de executar procedimentos ou até mesmo tratando as pessoas de maneira indiferente e desinteressada, essa confiança é enfraquecida. O cidadão espera da polícia que suas ações sejam motivadas por um compromisso com a justiça e a segurança. Um policial desleixado, por outro lado, transmite uma mensagem de desinteresse e descompromisso, gerando desconfiança e descontentamento entre a população. Esse distanciamento entre a polícia e a comunidade pode resultar em uma deterioração da relação de cooperação mútua, essencial para a efetividade do policiamento comunitário e da prevenção de crimes. A postura de descuido de um policial mina a confiança da sociedade nas instituições e pode até contribuir para o aumento da criminalidade, uma vez que a comunidade sente que a polícia não está adequadamente empenhada em proteger a ordem e a segurança pública.

Além disso, a imagem da corporação também sofre sérias consequências quando o desleixo se instala. A polícia, como instituição pública, representa um pilar da sociedade e deve ser vista como um modelo de compromisso com a lei e com os direitos dos cidadãos. Quando policiais negligenciam suas responsabilidades ou falham em agir com a seriedade que a profissão exige, isso reflete diretamente na percepção da população sobre a instituição como um todo. Um único policial desleixado pode arranhar a imagem de toda a corporação, criando um estigma de desorganização, descuido e falta de profissionalismo. Esse desgaste pode ter efeitos negativos não só sobre a confiança pública, mas também sobre o recrutamento de novos policiais, que podem se sentir desmotivados ou desiludidos ao perceberem que a instituição tolera atitudes de negligência.

O desleixo pode também ter repercussões legais, uma vez que um policial que age de maneira descomprometida pode, sem querer, incorrer em erros jurídicos graves. Se um policial negligencia as normas de conduta, as garantias processuais ou os direitos fundamentais dos cidadãos, ele pode, inadvertidamente, violar a lei. Isso pode resultar em processos judiciais contra ele, que afetarão sua carreira e a reputação da corporação. Em um sistema legal que exige rigor e precisão em cada etapa, o desleixo em seguir os procedimentos corretamente pode tornar uma investigação ou uma prisão inválida, prejudicando tanto a justiça quanto a segurança pública. As falhas cometidas por um policial desleixado podem gerar consequências legais significativas, e os danos causados à vítima, ao acusado ou à própria corporação podem ser difíceis de reparar.

A prevenção do desleixo é, portanto, uma responsabilidade compartilhada entre o policial e a instituição. No nível individual, o policial deve estar constantemente comprometido com a melhoria contínua de seu trabalho, investindo em sua capacitação, sendo diligente em suas tarefas e buscando a perfeição na execução de suas funções. Ele deve ser capaz de reconhecer quando está falhando em seu compromisso e procurar formas de corrigir seu comportamento. No nível institucional, a corporação policial deve proporcionar aos seus membros as ferramentas necessárias para que desempenhem suas funções com excelência. Isso inclui desde treinamentos regulares, apoio psicológico até a implementação de um sistema de supervisão e avaliação que incentive o profissionalismo e a responsabilidade. Além disso, é fundamental que a polícia adote uma cultura organizacional que valorize a disciplina, o zelo pelo trabalho e a atenção aos detalhes, e que desestimule qualquer modalidade de comportamento negligente ou descomprometido.

O desleixo, por fim, é uma característica que mina os princípios fundamentais da polícia enquanto instituição pública. Em uma profissão em que a vida das pessoas, a segurança e a justiça dependem de ações rápidas, precisas e comprometidas, a negligência não pode ser tolerada. O policial, mais do que um servidor público, é um guardião da ordem, e sua postura em face da sociedade deve ser uma de seriedade, responsabilidade e dedicação constante. O desleixo, em qualquer de suas espécies, compromete essas qualidades e coloca em risco a missão da polícia de garantir a segurança, a justiça e a confiança da população. Por isso, é essencial que a instituição policial adote uma postura firme na prevenção e correção de comportamentos desleixados, garantindo que seus membros atuem com o máximo de competência, ética e profissionalismo. A sociedade espera isso, e é isso que a segurança pública merece.

PREGUIÇA

A preguiça, dentro da profissão policial, configura-se como uma das falhas mais maléficas e perigosas que um agente pode apresentar. Ela não apenas compromete a eficiência operacional, mas também, mais uma vez, enfraquece os laços de confiança entre a polícia e a sociedade, tornando ainda mais difícil o exercício da autoridade e da ordem pública. O policial é, em seu âmago, um servidor público comprometido com a proteção da sociedade e o cumprimento das leis. Para isso, espera-se que ele atue com diligência, responsabilidade e empenho em suas funções. No entanto, a preguiça é um comportamento que compromete essas expectativas e põe em risco a integridade da corporação e, em última instância, a segurança da população.

Em sua essência, a preguiça de um policial pode se manifestar de diversas formas. No cotidiano policial, onde as tarefas são muitas e frequentemente exigem respostas rápidas e decisões acertadas, a falta de empenho pode ter um impacto direto na qualidade da ação policial. Quando um policial adota uma postura preguiçosa, ele tende a procrastinar suas responsabilidades, o que leva ao acúmulo de tarefas e à negligência de atividades essenciais, como a realização de relatórios, o acompanhamento de investigações e a execução de abordagens seguras e adequadas. Essas falhas podem ser não apenas inconvenientes, mas perigosas, pois comprometem a integridade de processos importantes e podem resultar em erros irreparáveis, como a falha em detectar um perigo iminente ou a omissão em cumprir procedimentos legais.

A preguiça também compromete a capacidade de um policial agir com o zelo necessário em momentos de risco ou de pressão. Um policial preguiçoso pode se esquivar de situações que exigem ação imediata e precisa, negligenciando os detalhes que são cruciais para o sucesso da missão. Ele pode demonstrar desinteresse por manter-se atualizado com os protocolos, procedimentos e legislações em vigor, o que prejudica seu desempenho profissional. Em uma profissão onde a constante atualização de conhecimentos é imprescindível, a preguiça impede o policial de buscar o aperfeiçoamento necessário para lidar com os desafios cotidianos de sua função. A formação contínua, tanto em termos técnicos quanto emocionais, é parte basilar do processo de crescimento de um policial, e a preguiça é a antítese desse processo.

    O impacto da preguiça na segurança pública vai além da falha em executar tarefas. Ela pode afetar profundamente a qualidade do atendimento à população, prejudicando o relacionamento entre os policiais e os cidadãos. O papel de um policial vai além da execução de suas atividades operacionais; ele também é um agente de interação, um mediador entre a lei e os indivíduos. Quando um policial é preguiçoso, ele pode adotar uma postura apática e desinteressada ao lidar com os problemas da comunidade. Ele pode não estar disposto a oferecer o apoio necessário àqueles que buscam ajuda ou até mesmo se esquivar de situações que exigem uma intervenção mais direta. A falta de empatia e a negligência no trato com as pessoas podem resultar em um distanciamento entre a polícia e a população, reduzindo a confiança mútua, que é vital para o sucesso da segurança pública. O policial preguiçoso contribui para a percepção negativa da instituição policial, criando um ciclo de desconfiança e desinteresse por parte dos cidadãos, o que, por sua vez, impacta a eficácia das ações policiais.

    Em adição, o desinteresse e a falta de motivação de um policial preguiçoso podem se refletir dentro da própria corporação, prejudicando a dinâmica de trabalho em equipe. A polícia, como qualquer outra instituição, depende de um esforço coletivo coordenado. A eficiência das operações policiais, a eficácia no atendimento ao público e a execução de estratégias de segurança pública são frutos do trabalho em equipe, onde a colaboração entre os membros da corporação é impreterível. Quando um policial age com preguiça, ele sobrecarrega seus colegas, deixando-os com tarefas que deveriam ser compartilhadas. A falta de comprometimento de um indivíduo pode gerar desmotivação, ressentimento e até desunião no ambiente de trabalho. Isso, por sua vez, cria um cenário onde a equipe deixa de funcionar de maneira coesa, o que enfraquece a performance coletiva da corporação e compromete sua missão.

Em um nível mais amplo, a preguiça dentro da corporação pode contribuir para a criação de uma cultura organizacional disfuncional, onde o baixo desempenho é tolerado ou, em alguns casos, até ignorado. Quando a preguiça não é combatida e corrigida, ela se perpetua, criando um ambiente onde o profissionalismo e o comprometimento ficam em segundo plano. O policial que age de maneira preguiçosa, ao invés de se engajar com seus colegas para buscar excelência em suas funções, se desvia do seu propósito original: garantir a segurança da população e proteger os direitos dos cidadãos. A tolerância com a preguiça compromete não apenas o desempenho de um policial individualmente, mas afeta a qualidade do serviço prestado pela corporação como um todo.

Outro ponto crítico sobre a preguiça na profissão policial é o risco jurídico e legal que ela implica. A falha em seguir procedimentos estabelecidos, o descuido em realizar o registro correto de incidentes ou a negligência no cumprimento de normas de segurança pode levar a processos judiciais, tanto contra o policial individualmente quanto contra a corporação. Em um sistema jurídico rigoroso, onde cada ação deve ser documentada corretamente e cada direito do cidadão deve ser respeitado, o desleixo de um policial pode resultar em processos legais que prejudicam sua carreira e a imagem da instituição. Como se não bastasse, a falha em cumprir os protocolos corretos pode levar à invalidação de provas e à absolvição de criminosos, o que compromete a justiça e enfraquece a luta contra o crime.

No campo pessoal, o policial preguiçoso também sofre as consequências de seu comportamento. A profissão policial exige comprometimento não só com a corporação, mas também com o desenvolvimento pessoal e o equilíbrio emocional. O policial que não se dedica ao seu trabalho, que adota uma postura apática ou que negligencia o cuidado com sua saúde mental e física, tende a sofrer de um desgaste precoce. A pressão psicológica, as tensões constantes e as situações de risco diárias exigem que o policial esteja preparado, tanto emocional quanto fisicamente, para enfrentá-las. A preguiça em manter-se em bom estado físico ou mental leva a um desequilíbrio interno que compromete a capacidade do policial de lidar com as adversidades de sua profissão.

Portanto, a preguiça é uma falha que transcende o simples descuido com tarefas diárias. Ela impacta diretamente a qualidade do trabalho policial, a imagem da corporação, a segurança pública e até o relacionamento com a sociedade. Para erradicar esse comportamento, é essencial que a polícia promova uma cultura de disciplina, responsabilidade e incentivo à excelência. O combate à preguiça passa pela criação de um ambiente organizacional que valorize o comprometimento, a atualização constante, a cooperação e a eficiência. O policial, por sua vez, deve compreender que a profissão exige não apenas habilidades técnicas e físicas, mas também uma postura ética, diligente e de compromisso com a segurança e o bem-estar da sociedade. A preguiça não pode ser tolerada, pois ela compromete todos os aspectos nucleares da missão policial e coloca em perigo a confiança da população na capacidade da polícia de cumprir seu papel de proteção e justiça.

FALTA DE PREPARAÇÃO

A falta de preparação em um policial é um dos vícios mais graves que podem comprometer sua eficácia, não apenas no cumprimento das funções cotidianas da profissão, mas também no fortalecimento da segurança pública como um todo. A profissão policial exige habilidades técnicas, físicas e psicológicas de altíssimo nível, além de um profundo conhecimento das leis e da cultura local. Um policial mal preparado não somente falha em seu trabalho, mas também põe em risco a segurança da população, de seus colegas de profissão e até a sua própria integridade. A falta de preparação é um dos fatores que mais contribui para a ocorrência de erros operacionais, conflitos desnecessários e, em casos extremos, tragédias evitáveis.

A preparação de um policial vai muito além do treinamento inicial que ele recebe ao ingressar na corporação. A profissão exige um aperfeiçoamento constante, dado que os desafios da segurança pública estão sempre mudando e evoluindo. A falta de preparação contínua resulta em um profissional desatualizado, incapaz de lidar com as complexidades de uma sociedade em constante transformação. Um policial bem preparado deve ser capaz de tomar decisões rápidas e acertadas, mesmo sob pressão, e isso só é possível por meio de um treinamento constante que aborde todos os aspectos da profissão, seja no campo técnico, seja no psicológico.

Um dos aspectos mais evidentes da falta de preparação é a ineficiência nas ações práticas do dia a dia. Quando um policial não está bem treinado, ele pode falhar em tarefas simples, como realizar uma abordagem adequada ou manter a calma em situações de risco. A formação técnica de um policial envolve a aprendizagem de uma série de procedimentos que são essenciais para garantir a segurança de todos os envolvidos. Isso inclui desde o domínio de táticas de abordagem e de uso de equipamentos até a capacidade de agir de maneira racional e controlada em situações de grande tensão. Um policial despreparado, porém, pode agir de forma impulsiva, cometer erros operacionais que comprometem a segurança da operação ou, até mesmo, prejudicar as investigações em andamento. Isso, mais do que colocar em risco a vida do policial e de outros envolvidos, compromete a eficácia da polícia na íntegra.

A preparação física também é um ponto crucial que não pode ser negligenciado. A carreira policial demanda grande resistência e preparo físico, especialmente nas áreas de combate ao crime, abordagens de risco e perseguições. O trabalho de um policial exige longas horas de vigilância, deslocamentos rápidos, e, muitas vezes, a necessidade de reagir fisicamente a situações imprevistas. A falta de condicionamento físico coloca o policial em desvantagem, tornando-o mais vulnerável ao cansaço excessivo e à perda de agilidade e resistência quando confrontado com situações estressantes. Além disso, a falta de preparo físico não só prejudica a execução de tarefas operacionais, mas também impacta negativamente a saúde do policial, o que pode levar ao afastamento do trabalho ou até a problemas de saúde mais sérios ao longo do tempo.

A preparação psicológica é igualmente fundamental. O trabalho policial é, sem dúvida, um dos mais estressantes e emocionalmente desgastantes que existem. O policial está frequentemente exposto a cenas de violência, tragédias e situações de grande tensão. Sem um preparo psicológico adequado, ele pode se tornar mais suscetível a problemas de saúde mental, como ansiedade, depressão e transtorno de estresse pós-traumático (TEPT). Além do mais, a falta de preparo emocional pode levar o policial a tomar decisões precipitadas ou a reagir de forma excessivamente agressiva em situações de conflito. A formação emocional e psicológica de um policial deve, portanto, ser vista como parte integrante de sua capacitação geral. A incapacidade de gerenciar as emoções em momentos de crise compromete a eficácia do trabalho policial e pode até agravar o conflito que está sendo tratado.

Outro ponto que reflete a falta de preparação de um policial está relacionado ao seu conhecimento das leis e regulamentos. O papel do policial é garantir que a lei seja cumprida, mas para que isso seja feito de forma justa e eficaz, por obviedade, ele deve ter um conhecimento profundo das normas legais que regem seu trabalho. Isso inclui desde a compreensão da Constituição e dos direitos humanos até o conhecimento detalhado das leis estaduais e municipais. A falta de familiaridade com essas normas pode levar o policial a cometer abusos, como prisões ilegais, uso excessivo da força ou violações dos direitos individuais. Isso compromete a integridade do trabalho policial e pode resultar em processos judiciais, danos à imagem da corporação e, em última instância, a perda da confiança da sociedade na instituição. A preparação contínua no campo jurídico é, portanto, um dos pilares da capacitação policial, assegurando que as ações dos policiais sejam sempre pautadas pela legalidade e pelo respeito aos direitos humanos.

A falta de preparação também afeta a interação do policial com a comunidade. O bom policial é aquele que consegue equilibrar a aplicação da lei com a empatia e a compreensão das necessidades da população. A formação de um policial deve, portanto, incluir o desenvolvimento de habilidades de comunicação e mediação de conflitos. É preciso lembrar que quando um policial não está adequadamente preparado para lidar com situações de confronto ou para conversar com as pessoas de forma respeitosa, ele pode agravar ainda mais o conflito, em vez de resolvê-lo. Isso é particularmente relevante em situações de abordagem, onde o policial precisa demonstrar controle emocional, ouvir as partes envolvidas e agir com a devida prudência. A falta de preparação nesse aspecto pode resultar em abusos, desentendimentos e até em confrontos desnecessários, prejudicando a relação entre a polícia e a comunidade e enfraquecendo a confiança do público nas forças de segurança.

A preparação também é crucial no que diz respeito ao trabalho em equipe. A polícia, como qualquer outra organização, depende de uma coordenação eficaz entre seus membros para garantir que as operações sejam bem-sucedidas. A falta de preparação no aspecto do trabalho em equipe pode resultar em falhas de comunicação, desorganização e até em ações contraditórias que comprometem a missão da operação. Quando um policial não sabe como atuar em conjunto com seus colegas, o risco de fracasso aumenta, prejudicando o resultado de qualquer intervenção policial. A falta de treinamento e de habilidades interativas prejudica a coesão do grupo, afetando a confiança mútua e a eficácia das operações.

Em um nível institucional, a falta de preparação de um policial tem implicações mais amplas. Quando um policial não está bem treinado, a instituição como um todo sofre. A imagem da polícia perante a sociedade fica comprometida, a credibilidade da corporação é minada e a capacidade de cumprir sua função de maneira eficiente fica comprometida. O desgaste causado pela falta de preparação pode afetar não só o desempenho do policial, mas também as relações institucionais com a comunidade e com outras entidades de segurança pública.

Enfim, a preparação não deve ser enxergada como uma responsabilidade única do policial, mas também das instituições de ensino, treinamento e das próprias corporações. Para garantir que um policial seja bem preparado, as instituições devem investir em programas contínuos de treinamento, desenvolvimento psicológico, atualização jurídica e aperfeiçoamento físico. A capacitação deve ser parte intrínseca da cultura policial, refletindo a compreensão de que um policial preparado é um agente mais seguro, eficiente e capaz de atender aos altos padrões que a sociedade espera de sua polícia. Sendo assim, diante de todo o exposto, fica nítido que a falta de preparação não é um erro trivial; ela compromete a eficácia da polícia, a segurança pública e a confiança entre as instituições de segurança e a comunidade.

PROCRASTINAÇÃO

A procrastinação é uma das mazelas mais destrutivas que podem surgir no cotidiano de um policial, especialmente por sua capacidade de minar a eficácia das ações policiais e comprometer a qualidade do serviço prestado à sociedade. No contexto de uma profissão onde a precisão, o imediatismo e a responsabilidade são essenciais, a procrastinação se torna um obstáculo significativo, gerando um ciclo de ineficiência que, em última instância, afeta a segurança pública e a confiança da comunidade nas forças policiais.

Ao abordar o fenômeno da procrastinação, é importante entender que ela não é apenas o simples ato de adiar tarefas ou de postergar compromissos. Trata-se de um comportamento complexo, costumeiramente associado à falta de disciplina, à baixa motivação e à incapacidade de gerir adequadamente as demandas do cotidiano. Para um policial, essa característica pode se manifestar de diversas formas, desde o adiamento de tarefas administrativas, como o preenchimento de relatórios e a atualização de registros, até a hesitação em tomar decisões rápidas e eficazes em momentos de emergência, quando a ação imediata é crucial para garantir a segurança pública.

O policial que procrastina constantemente acaba comprometendo o andamento de suas atividades, principalmente em um trabalho onde o tempo é um fator sensível. A gestão do tempo, em qualquer profissão, é um dos pilares para o sucesso e para a eficiência no desempenho das funções. Todavia, no caso do policial, a procrastinação pode ter consequências muito mais graves. Adiar uma decisão importante, como intervir em uma situação de risco, pode resultar em danos irreparáveis ou na escalada de um conflito, enquanto o atraso no cumprimento de diligências ou no andamento de uma investigação pode comprometer a coleta de provas ou até mesmo levar à perda de informações essenciais para a resolução de um delito.

Além disso, a procrastinação pode se refletir diretamente na qualidade do atendimento à população. A sociedade espera dos policiais um serviço ágil, eficiente e, acima de tudo, resolutivo. No entanto, quando o policial procrastina, seja em suas funções diárias ou no enfrentamento de situações emergenciais, ele não apenas falha em cumprir seu papel, mas também enfraquece a confiança que a comunidade deposita na corporação. A procrastinação na resolução de conflitos, no atendimento a ocorrências ou até mesmo na interação com o público pode fazer com que os cidadãos percebam a polícia como ineficiente ou indiferente, o que, ao longo do tempo, pode gerar um distanciamento entre a instituição e a comunidade.

A procrastinação também afeta diretamente o desenvolvimento profissional do policial. Uma das características mais importantes em qualquer área profissional é a procura contínua por aperfeiçoamento. Porém, quando um policial procrastina, ele tende a adiar oportunidades de aprendizado e crescimento. Isso pode incluir o adiamento de treinamentos, o desinteresse em se atualizar sobre novas técnicas de policiamento ou a falta de empenho em aperfeiçoar suas habilidades interpessoais e de comunicação. Em uma profissão que exige constante adaptação às mudanças e evolução das necessidades sociais, a procrastinação em relação à aprendizagem e ao desenvolvimento pessoal compromete a capacidade do policial de acompanhar as exigências da sociedade e de se manter eficiente em suas funções.

Ademais, um policial que procrastina frequentemente demonstra um baixo nível de organização e uma tendência a ignorar as responsabilidades cotidianas. Isso pode afetar não somente a execução de suas tarefas, mas também a sua relação com os colegas de trabalho. O ambiente policial é um espaço que exige cooperação, coordenação e confiança mútua. A procrastinação de um policial pode gerar atritos dentro da equipe, já que os colegas dependem dele para a execução de uma tarefa conjunta. Se um policial adia constantemente suas responsabilidades ou falha em cumprir prazos, isso pode gerar atrasos, confusão e até mesmo a necessidade de outros policiais assumirem suas responsabilidades, o que prejudica o andamento das operações e compromete o trabalho coletivo.

No caso das investigações, a procrastinação assume um caráter ainda mais grave. O andamento de um inquérito, a coleta de provas e a análise de informações demandam uma ação rápida e precisa. Quando o policial procrastina, ele compromete o sucesso de uma investigação, adiando diligências essenciais ou deixando de investigar pistas importantes. Essa falta de ação pode resultar em falhas na coleta de evidências, no atraso na identificação de suspeitos e, consequentemente, no insucesso da resolução do caso. A procrastinação também pode afetar a integridade do processo legal, uma vez que a lentidão nas investigações pode prejudicar a obtenção de provas de forma legal e eficiente, resultando em dificuldades durante a fase de julgamento e na preservação da justiça.

Além do mais, a procrastinação pode afetar a saúde mental e emocional do policial. O adiamento constante de tarefas cria um ciclo de estresse e sobrecarga. Isso ocorre porque, à medida que as tarefas se acumulam, o policial sente uma pressão crescente para cumprir todas as responsabilidades, o que pode gerar uma sensação de estar constantemente atrás de suas obrigações. Esse estresse acumulado pode, por sua vez, afetar a tomada de decisões, a capacidade de pensar de modo claro e a eficiência no desempenho das funções. Em um ambiente de trabalho tão exigente e cheio de riscos como o policial, esse estresse constante pode levar a problemas emocionais sérios, como ansiedade, depressão e até *burnout*. Em acréscimo, a procrastinação pode criar um sentimento de culpa e insatisfação no policial, o que prejudica sua motivação e sua autoestima, enfraquecendo ainda mais sua capacidade de agir de forma proativa e eficaz.

Outro aspecto importante é que a procrastinação pode comprometer o cumprimento das normas e protocolos estabelecidos pela corporação. Em uma instituição que depende de procedimentos rigorosos para garantir a segurança, a eficácia e a transparência de suas ações, a procrastinação na execução desses procedimentos pode ter repercussões graves. Isso inclui falhas em manter registros adequados, no cumprimento de normas legais e até mesmo no respeito aos direitos dos cidadãos. Um policial que procrastina pode falhar em garantir que a documentação esteja em ordem, que as ações sejam registradas corretamente ou que os procedimentos sejam seguidos com a devida diligência. Esse tipo de negligência, além de comprometer o trabalho do policial, pode colocar toda a corporação em perigo de questionamento e investigação, principalmente se suas ações levarem a falhas processuais ou violação de direitos.

A procrastinação também afeta a imagem da instituição policial perante a sociedade. Como sabido, a confiança pública é um pilar fundamental para o sucesso de qualquer força policial. Quando a procrastinação se torna um comportamento recorrente dentro da corporação, ela pode ser percebida como falta de comprometimento, desleixo ou até desinteresse por parte dos policiais. Isso pode gerar um clima de desconfiança e insatisfação por parte da população, que espera que seus policiais sejam agentes de mudança, prontos para agir com rapidez, eficácia e ética. Se um policial procrastina no cumprimento de suas responsabilidades, ele não só enfraquece a imagem de sua própria atuação, mas também prejudica a reputação de sua equipe e da corporação como um todo.

Em última análise, a procrastinação é uma característica que, se não controlada, pode gerar consequências muito graves para o policial, para a instituição à qual pertence e para a sociedade que ele serve. Combater esse comportamento exige um esforço coletivo, que envolva tanto a disciplina pessoal do policial quanto o suporte contínuo da corporação. Programas de treinamento sobre gestão do tempo, apoio psicológico e desenvolvimento pessoal, além de uma cultura organizacional que valorize a eficiência e a proatividade, são medidas fundamentais para combater a procrastinação. Somente assim, a corporação policial poderá garantir que seus membros cumpram com excelência seu papel, protegendo a sociedade e cumprindo as responsabilidades que lhes foram atribuídas com seriedade, competência e eficácia.

ARROGÂNCIA

A arrogância configura um distúrbio de perspectiva, onde a pessoa, ao assumir uma atitude excessivamente autossuficiente, ignora não apenas o valor da cooperação, da humildade e do respeito ao próximo, mas também as complexidades que cercam seu trabalho e as diversas dimensões das situações em que atua. A polícia, como um serviço público destinado a manter a ordem e proteger os direitos dos cidadãos, requer uma postura ética que valorize a interação, o diálogo, a escuta e, sobretudo, o respeito mútuo. A arrogância vai contra esses princípios essenciais, criando um obstáculo à eficácia das ações policiais e prejudicando a confiança da população na corporação.

O policial arrogante geralmente acredita que seu papel de autoridade lhe concede o direito de desconsiderar as regras, os protocolos e as necessidades dos outros. Ao invés de agir com empatia, ouvindo as demandas dos cidadãos e ponderando sobre as melhores soluções em cada caso, ele frequentemente impõe sua visão de mundo, tratando os outros como inferiores e subordinados à sua percepção de autoridade. Essa atitude não só prejudica o relacionamento com a comunidade, mas também tende a intensificar conflitos e criar um ambiente de desconfiança. Em vez de ser uma força que promove a paz e a justiça, o policial arrogante acaba sendo visto como uma figura autoritária e opressiva, o que corrói a relação de confiança que deve existir entre a polícia e o público. A arrogância impede o policial de entender que sua missão é a de servir à sociedade e não de se colocar acima dela.

Essa falha de caráter não se limita apenas ao comportamento em relação à população, mas também se reflete nas interações dentro da própria corporação. Em um ambiente tão dinâmico e de alta pressão como o das forças de segurança, a colaboração entre os policiais é primordial para que as ações sejam bem-sucedidas. A arrogância, no entanto, cria um ambiente de competição desleal e divisão, onde a ideia de que "eu sei mais do que você" prevalece sobre a importância de trabalhar em conjunto. Um policial que age de forma arrogante pode desvalorizar os outros membros da equipe, ignorando suas contribuições e desconsiderando sua experiência. Isso prejudica a eficiência do trabalho coletivo, já que o sucesso de operações policiais, muitas vezes, depende da comunicação e da integração de habilidades e conhecimentos diversos. A arrogância, ao impedir essa troca saudável de ideias, reduz a capacidade da equipe de reagir de modo unido e eficaz em face das situações desafiadoras que surgem no dia a dia.

Além do mais, a arrogância pode ter um impacto diretamente negativo nas decisões que o policial toma, especialmente nas situações de risco ou de conflito. A presunção de que se tem todas as respostas e que o conhecimento de um policial é superior ao dos outros pode prejudicar a análise crítica necessária para tomar decisões equilibradas e sensatas. Em momentos de crise, é imprescindível que o policial saiba quando agir com rapidez, mas também quando pausar para refletir e considerar as diferentes possibilidades. O arrogante, ao se prender à ideia de que sempre está certo, pode tomar decisões apressadas e impulsivas, o que não só compromete a resolução adequada do caso, mas também coloca em perigo sua segurança e a de outros. Em adição, sua falta de flexibilidade mental pode prejudicar a adaptação a situações imprevistas, uma vez que ele se recusa a considerar alternativas ou soluções diferentes das que ele já tem premeditadas. A abertura ao aprendizado contínuo e a disposição para ouvir e considerar novas ideias são características que devem nortear o comportamento de qualquer policial, e a arrogância destrói essa capacidade.

Em um nível mais profundo, a arrogância no policial também reflete uma falta de autocrítica e uma dificuldade em reconhecer erros. Este é um traço particularmente prejudicial em uma profissão onde o autocontrole, o julgamento apurado e a responsabilidade são fundamentais. Ao se colocar em uma posição infalível, o policial arrogante acredita que nunca comete falhas, e esse tipo de mentalidade impede que ele reconheça suas limitações ou que procure aprimorar suas competências. A polícia, como qualquer outra profissão, exige evolução constante, pois os cenários de crime, as tecnologias e as práticas de investigação estão em constante mudança. O policial arrogante, no entanto, tende a ver a aprendizagem como desnecessária ou como algo que não precisa ser continuamente cultivado, resultando em um profissional estagnado que falha em se atualizar com as novas abordagens e metodologias. Isso acaba comprometendo a qualidade do seu trabalho e prejudicando sua capacidade de servir de forma eficaz e justa à sociedade.

A arrogância também pode levar o policial a desconsiderar a importância da ética em suas ações. O cumprimento da lei e dos direitos dos cidadãos deve ser uma prioridade inquestionável, mas o arrogante pode acreditar que sua posição de autoridade lhe permite operar fora dos limites da legislação e dos direitos humanos. Isso é particularmente grave em uma sociedade democrática, onde a polícia é uma instituição encarregada de zelar pela ordem, mas deve sempre agir dentro do marco da lei e da justiça. Ao acreditar que está além de qualquer escrutínio, o policial arrogante pode ultrapassar os limites do que é considerado aceitável, o que pode levar a abusos de poder, a violações de direitos e a uma percepção pública negativa da corporação.

Outro aspecto crítico da arrogância no policial é o impacto sobre os jovens e novos membros da corporação. Em muitas ocasiões, um policial arrogante pode ser um modelo negativo para aqueles que estão começando a carreira, transmitindo a ideia de que a autoridade vem acompanhada de desprezo pelos outros, e que a única maneira de se impor é através da imposição de poder, sem consideração pelas necessidades ou sentimentos alheios. Isso pode perpetuar um ciclo de atitudes desrespeitosas e desumanas dentro da própria corporação, gerando uma cultura de abuso e violência. Ao invés de promover uma abordagem que enfatize a importância do trabalho em equipe, do respeito à diversidade e da empatia, a arrogância pode criar um ambiente tóxico que afasta aqueles que desejam contribuir para uma polícia mais justa e humana.

É importante ressaltar que, em uma sociedade democrática e pluralista, a polícia desempenha um papel crucial na proteção dos direitos e liberdades de todos os cidadãos. Para que isso aconteça de modo eficiente, a polícia deve ser visualizada como uma instituição que age com integridade, respeito e equilíbrio. Um policial que age de maneira arrogante compromete não só sua própria credibilidade, mas também a confiança pública na polícia em sua totalidade. A arrogância, ao invés de fortalecer a autoridade, mina o respeito que a sociedade deve ter pela corporação, já que ela deixa transparecer a falha do profissional em compreender o real propósito de seu trabalho: servir e proteger.

Por fim, a verdadeira liderança na polícia, como em qualquer outra profissão, não se baseia na imposição de uma visão autoritária ou desrespeitosa, mas sim na capacidade de liderar pelo exemplo, pela competência, pela escuta atenta e pelo compromisso com o bem-estar coletivo. Quando um policial se aproxima do seu trabalho com humildade, respeito e disposição para aprender, ele não só se torna mais eficaz no cumprimento de sua missão, mas também se torna um verdadeiro exemplo de conduta para seus colegas e para a sociedade. Portanto, a arrogância não tem lugar na polícia de uma sociedade democrática e justa. Em vez disso, o que se deve cultivar são as virtudes da humildade, do respeito, da empatia e do compromisso com a verdade e a justiça. Somente assim será possível construir uma instituição policial verdadeiramente respeitada e eficaz, capaz de cumprir seu papel com excelência e justiça.

INDIVIDUALISMO

O individualismo, quando se manifesta de forma exagerada no contexto de um policial, pode se tornar uma das falhas mais prejudiciais tanto para o próprio profissional quanto para a instituição a qual ele pertence. A polícia, enquanto instituição pública, carrega em sua essência o compromisso de proteger a sociedade como um todo, buscando garantir a ordem, a justiça e a segurança. Em uma corporação como essa, os desafios enfrentados pelos agentes de segurança são complexos e frequentemente exigem esforços coordenados, ações colaborativas e a capacidade de trabalhar em equipe. Portanto, o individualismo, que se caracteriza pela prioridade dos interesses e objetivos pessoais em detrimento dos objetivos coletivos, é uma postura incompatível com os princípios que fundamentam o papel de um policial eficiente, ético e comprometido com sua missão.

A primeira questão que surge ao abordar o individualismo no policial é a sua tendência de desconsiderar a importância do trabalho em equipe. A segurança pública é uma tarefa que exige colaboração entre diferentes indivíduos e equipes, com o objetivo de atingir uma meta comum. Quando um policial adota uma postura individualista, ele se coloca acima do coletivo e tende a negligenciar o valor da cooperação. Em operações policiais, por exemplo, é imprescindível que todos os membros de uma equipe compartilhem informações, ajustem estratégias de acordo com as necessidades do momento e ajam de maneira integrada. O policial individualista, no entanto, pode agir de forma isolada, tomando decisões sem consultar seus colegas ou sem coordenar suas ações com os demais, o que pode comprometer a eficácia da operação, expondo os envolvidos a riscos desnecessários e até colocando em perigo a própria vida de civis.

Além disso, o individualismo no contexto policial pode gerar uma visão distorcida sobre a verdadeira missão da profissão.

O papel do policial não é somente executar tarefas de maneira mecânica ou buscar ascensão pessoal dentro da corporação. Pelo contrário, o policial tem a responsabilidade de servir à sociedade, garantindo os direitos de todos os cidadãos, independentemente de sua classe social, etnia ou condição econômica. O indivíduo que se concentra exclusivamente em seus próprios interesses, seja em busca de reconhecimento, *status* ou poder, perde de vista o compromisso com o serviço público e com os princípios éticos que devem nortear sua atuação. A polícia, enquanto instituição, deve sempre se basear na justiça, na transparência e no respeito pelos direitos humanos. O policial individualista, ao priorizar suas próprias ambições, corre o risco de negligenciar esses valores, o que pode resultar em decisões prejudiciais à comunidade e até em abusos de autoridade.

    Outro ponto crítico do individualismo em um policial é sua tendência a ignorar a importância do aprendizado contínuo e do compartilhamento de experiências com os colegas. Conforme tantas vezes falado, a polícia está em constante evolução, seja em relação às técnicas de investigação, ao uso de novas tecnologias ou à compreensão dos fenômenos sociais que geram a criminalidade. Quando um policial se coloca em uma posição de autossuficiência, acreditando que suas habilidades e conhecimentos são superiores aos dos outros, ele se impede de aprender com os colegas e de se atualizar constantemente. O individualista, ao desvalorizar a experiência e a expertise de seus pares, também limita a sua própria capacidade de evoluir como profissional. A cooperação, o diálogo e o aprendizado coletivo são fundamentais para o aprimoramento contínuo dentro de qualquer instituição, especialmente em uma tão dinâmica e exigente quanto a polícia. A falta de abertura para essa troca de conhecimentos compromete não apenas o desempenho individual, mas a eficácia da corporação como um todo.

    Ademais, o individualismo no policial pode ser um fator propenso ao isolamento e à falta de integração entre as diversas unidades da polícia. Em muitas situações, é necessário que diferentes equipes, com competências variadas, se unam para enfrentar desafios complexos, como operações de combate ao crime organizado, situações de reféns ou investigações de grande envergadura. Um policial que se adota uma postura individualista pode criar barreiras para essa colaboração, seja pela falta de confiança nos outros ou pelo desejo de controlar todas as situações. Isso pode resultar em falhas na comunicação e na troca de informações cruciais para o sucesso de uma missão. A falta de integração entre diferentes unidades enfraquece o trabalho da polícia e compromete a capacidade da corporação de reagir rapidamente e de forma coordenada a ameaças reais.

Outro efeito do individualismo no comportamento de um policial é o comprometimento das relações de confiança, tanto dentro da corporação quanto com a comunidade. A confiança é a base de qualquer instituição que depende do trabalho em equipe e da colaboração mútua para alcançar seus objetivos. No caso da polícia, a confiança entre os policiais é essencial para garantir a coesão da equipe e a segurança de todos durante as operações. No entanto, o policial individualista tende a enxergar os colegas como competidores ou obstáculos, em vez de aliados. Isso mina o espírito de camaradagem e solidariedade dentro da corporação, criando um ambiente de desconfiança que pode afetar o moral da equipe. Quando a confiança dentro de uma unidade policial é abalada, as consequências podem ser devastadoras, tanto em termos de performance operacional quanto de segurança dos agentes.

Ainda, a falta de empatia e a visão distorcida da realidade social também são atributos típicos do policial individualista. Quando o agente se concentra apenas em sua própria visão de mundo, sem considerar as perspectivas e as necessidades dos outros, ele pode se tornar insensível às situações e aos problemas enfrentados pela comunidade. A polícia, como serviço público, deve ser atenta às questões sociais, ao contexto em que o crime ocorre e às causas que levam os indivíduos a se envolverem com a criminalidade. O policial que adota uma postura individualista pode falhar em compreender as motivações subjacentes aos comportamentos criminosos, resultando em abordagens simplistas e, muitas vezes, prejudiciais. O policial que não consegue se colocar no lugar dos outros pode agir de forma indiferente, mecanizada, distante e insensível, prejudicando a confiança da comunidade na polícia e, em última instância, na eficácia das suas ações.

Em situações de crise, quando as emoções estão à flor da pele e o risco é elevado, a postura individualista também pode levar a decisões impulsivas e desconectadas da realidade do grupo. O policial que não se sente parte de uma equipe pode agir de forma precipitada, sem considerar as consequências de suas ações para os colegas ou para os civis envolvidos. A impulsividade gerada pelo individualismo pode ser perigosa, pois pode resultar em respostas inadequadas a situações de tensão, colocando em perigo não apenas a vida dos policiais, mas também a segurança da população.

Em resumo, o individualismo no policial é uma falha que pode gerar consequências sérias e abrangentes, prejudicando a eficácia das operações, a confiança interna da corporação e o relacionamento com a comunidade. A polícia, como instituição pública, deve ser fundamentada na colaboração, no respeito mútuo e no compromisso com o bem-estar coletivo. O policial que se coloca acima do grupo, que desconsidera a importância da cooperação e que busca satisfazer suas próprias necessidades em detrimento do interesse público, não apenas falha em sua missão, mas também contribui para enfraquecer a própria instituição que ele representa. A verdadeira essência da profissão policial reside no entendimento de que cada ação deve ser pautada pela procura do bem comum, da justiça e da segurança de todos, e que, para alcançar esses objetivos, o trabalho em equipe é indispensável.

APATIA

A apatia, em qualquer lugar danosa, no contexto da atuação policial, ganha mais peso e se torna uma característica profundamente prejudicial e que compromete diretamente a qualidade do serviço prestado à sociedade. Em uma função que exige constante vigilância, envolvimento e dedicação, um policial apático é um agente que se desconecta não apenas de sua função, mas também da missão maior de garantir a segurança e a justiça. Essa postura não é apenas uma falha individual, mas um reflexo de um problema sistêmico que pode afetar toda a instituição policial e impactar a confiança pública na corporação.

O papel do policial vai muito além de simples tarefas operacionais. Ele envolve um compromisso emocional e ético com a missão de proteger os direitos dos cidadãos, fazer cumprir a lei e garantir que a ordem social seja mantida de maneira justa e equilibrada. A apatia, nesse contexto, é uma falha que compromete a capacidade do policial de se envolver com os problemas da comunidade, de agir com empatia diante das dificuldades e de buscar constantemente a excelência no serviço prestado. Um policial apático é alguém que perde a conexão com a missão da polícia e, conseguintemente, com o verdadeiro sentido de seu trabalho. Em vez de agir com dedicação e comprometimento, o policial apático tende a se acomodar diante das adversidades e a adotar uma postura reativa, esperando que as situações se resolvam por si mesmas.

Essa falta de engajamento tem impactos diretos e negativos na atuação policial. A apatia compromete a proatividade, característica essencial para a execução eficiente das atividades policiais. Quando um policial se torna apático, ele deixa de antecipar problemas, de planejar estratégias e de agir de maneira rápida e eficiente em face de situações emergenciais. A falta de disposição para agir de maneira ágil e assertiva pode resultar em falhas operacionais graves, colocando em risco a segurança da população e a integridade dos próprios agentes. Em momentos críticos, a resposta rápida e bem fundamentada é imperativa, e a apatia é justamente o que impede essa resposta.

A atitude apática de um policial também compromete a relação de confiança entre a corporação e a comunidade. Para que a polícia desempenhe seu papel de modo eficaz, ela precisa ter a confiança da população. Isso é alcançado por meio de ações contínuas e dedicadas, que demonstram o compromisso dos agentes com o bem-estar da sociedade. Quando um policial adota uma postura apática, ele transmite uma mensagem de indiferença, o que enfraquece essa relação de confiança. O cidadão, ao perceber que o policial não está comprometido com a segurança pública ou com o bem-estar da comunidade, começa a questionar a legitimidade da autoridade policial, o que pode gerar um ciclo de desconfiança e isolamento entre a corporação e os cidadãos.

Além do mais, a apatia pode ter um impacto destrutivo dentro da própria instituição policial. O ambiente de trabalho de uma corporação é altamente dinâmico e depende de uma colaboração constante entre os membros para que as operações sejam realizadas com sucesso. Quando um policial adota uma postura apática, isso afeta a dinâmica de trabalho em equipe. Sua falta de envolvimento pode contagiar outros colegas, criando um ambiente de desmotivação e ineficiência. A ausência de espírito de corpo e de um compromisso coletivo com a missão policial pode resultar em um declínio generalizado na qualidade do serviço prestado, prejudicando o moral da corporação e afetando diretamente os resultados das operações. Um policial apático não só prejudica a si mesmo, mas também compromete o bom funcionamento de toda a unidade policial à qual pertence.

A apatia, além disso, pode ser um reflexo de questões mais profundas, como problemas emocionais, estresse ou até mesmo falta de formação adequada. Quando um policial se torna apático, é possível que ele esteja enfrentando um desgaste psicológico que o impede de se envolver plenamente com o seu trabalho. O estresse acumulado ao longo de anos de serviço, o trauma relacionado a experiências no campo da segurança pública ou até mesmo a falta de apoio psicológico adequado podem ser fatores que contribuem para a apatia. Nesse sentido, a apatia não deve ser encarada apenas como uma falha pessoal, mas também como um sinal de que a instituição precisa oferecer mais suporte emocional e psicológico aos seus membros. Policiais que não recebem o devido apoio para lidar com os desafios emocionais e psicológicos da profissão podem acabar desenvolvendo uma atitude apática como uma forma de autoproteção. Para lidar com isso, é essencial que as corporações policiais implementem programas de apoio psicológico, promovam o bem-estar mental de seus agentes e incentivem um ambiente de trabalho saudável.

    Em situações em que a apatia se manifesta, a falta de interesse e envolvimento do policial também pode resultar em erros graves na condução de investigações, abordagens e intervenções. Um policial apático pode negligenciar detalhes importantes, ignorar procedimentos ou agir sem o cuidado necessário, comprometendo a qualidade do trabalho investigativo ou da operação. O resultado disso pode ser a falha na elucidação de infrações penais, na obtenção de provas importantes ou até mesmo em abordagens violentas e desnecessárias. A apatia pode levar à redução da capacidade analítica do policial, à falta de julgamento adequado e à escolha de estratégias ineficazes, colocando em risco a eficácia do trabalho policial e a segurança pública como um todo.

    Em um nível mais amplo, a apatia também afeta a imagem da polícia na íntegra. Quando a sociedade percebe que um policial está desinteressado ou indiferente ao seu trabalho, isso se reflete na percepção pública da instituição. A desmotivação de um único policial pode ser vista como um reflexo de uma instituição que não se importa com a qualidade do serviço prestado. Isso pode afetar a imagem da polícia, prejudicando sua relação com a comunidade e dificultando a colaboração entre os cidadãos e as autoridades. Além disso, a apatia no policial pode ser um indicativo de que a polícia não está evoluindo ou se adaptando às novas demandas sociais, tecnológicas e culturais. A falta de interesse em melhorar e se atualizar continuamente em relação às novas formas de criminalidade, novas tecnologias de investigação ou novas estratégias de policiamento pode deixar a polícia vulnerável à obsolescência, tornando-a menos eficaz no combate à criminalidade e na manutenção da ordem pública.

    Portanto, a apatia não é apenas uma falha pessoal, mas uma fraqueza sistêmica que compromete o desempenho de um policial e a missão da corporação como um todo. A falta de engajamento, a indiferença e a ausência de empatia resultam em um serviço policial que perde sua eficácia e confiança. A sociedade exige uma polícia comprometida, dedicada e sempre disposta a melhorar. Para que isso aconteça, é fundamental que a apatia seja combatida de maneira ativa, tanto por meio de um suporte psicológico adequado aos policiais quanto por meio de uma cultura organizacional que incentive o comprometimento e a excelência no serviço público. Só assim será possível garantir uma polícia eficiente, respeitada e, acima de tudo, comprometida com a proteção da sociedade.

SENSO DE JUSTIÇA DISTORCIDO

O senso de justiça é uma das qualidades mais fundamentais para qualquer policial, pois é ele que orienta as ações, decisões e julgamentos dentro de uma sociedade que valoriza a ordem e os direitos individuais. No entanto, quando esse senso de justiça se torna distorcido, os efeitos podem ser devastadores, não apenas para os indivíduos diretamente envolvidos, mas para a própria sociedade como um todo. Um policial com um senso de justiça distorcido não apenas falha em cumprir sua função de maneira ética, mas, ao fazê-lo, compromete a confiança pública na instituição policial e enfraquece os pilares da democracia e da ordem pública.

A justiça, enquanto princípio moral, exige imparcialidade, equidade e respeito aos direitos de todas as pessoas. Para um policial, isso significa garantir que a lei seja aplicada de maneira justa, sem preconceitos ou discriminações, e que as decisões tomadas em campo se baseiem exclusivamente nos fatos e na legislação vigente, não nas crenças pessoais ou julgamentos precipitados. Quando o policial começa a adotar uma visão distorcida do que é justo, ele não apenas corrompe a própria essência da lei, mas também coloca em risco a integridade do sistema de justiça em sua totalidade. O policiamento, quando realizado com um senso de justiça distorcido, deixa de ser uma ação de proteção e passa a ser uma ferramenta de controle autoritário, baseada em escolhas pessoais e subjetivas.

O policial com senso de justiça distorcido pode agir de modo parcial, favorecendo ou prejudicando certos indivíduos ou grupos, com base em características externas como raça, classe social, orientação política ou outros aspectos. Em vez de aplicar a lei de forma equânime, ele age conforme suas próprias crenças, o que resulta em uma aplicação desigual da justiça. Esse tipo de conduta, é bastante óbvio, cria um ambiente de desconfiança entre a população e as forças policiais. Quando a sociedade percebe que a polícia não age com imparcialidade, o sentimento de insegurança cresce, tendo em vista que as pessoas passam a acreditar que podem ser tratadas injustamente, com base em preconceitos ou preferências pessoais de um policial. Esse tipo de comportamento prejudica não só a confiança dos cidadãos, mas também a legitimidade da própria polícia e do sistema de justiça como um todo.

Além disso, o senso de justiça distorcido pode ser caracterizado por julgamentos precipitados. Em situações de risco ou alta pressão, é compreensível que um policial precise tomar decisões rápidas. No entanto, quando um policial adota a pressa como um critério para aplicar a justiça, ele corre o risco de cometer equívocos sérios. O julgamento apressado, sem a devida análise dos fatos e sem a consideração das nuances de cada situação, pode resultar em decisões erradas e injustas. Isso inclui, por exemplo, a detenção de pessoas inocentes, a aplicação de força excessiva ou até mesmo a violação dos direitos de um cidadão. O policial que age sem ponderação, com base apenas em sua percepção superficial da realidade, contribui para um ambiente de arbitrariedade e violação dos direitos fundamentais. Para a sociedade, isso significa uma erosão da confiança na capacidade da polícia de agir de modo justo e responsável.

A falta de reflexão crítica também é uma característica comum no policial com senso de justiça distorcido. A incapacidade de se questionar, de rever suas próprias atitudes e decisões, leva a uma perpetuação de comportamentos problemáticos e injustos. O policial que não reflete sobre o impacto de suas ações ou sobre o processo decisório que o levou a tomar determinada atitude, não tem consciência das implicações de seus atos. Ele pode, por exemplo, reagir de forma desproporcional em situações de confronto, usando força excessiva ou métodos que não condizem com os direitos humanos. A reflexão crítica e o autoexame constante são essenciais para que o policial mantenha a clareza moral e ética em seu trabalho. Sem esse processo contínuo de autoavaliação, é fácil cair na armadilha de acreditar que o que ele faz está sempre certo, independentemente das consequências ou dos danos causados.

O policial com um senso de justiça distorcido também pode ser levado a agir com base em motivações pessoais, muitas vezes influenciado por frustrações ou traumas acumulados ao longo da carreira. Quando o agente da lei começa a tomar decisões movido por vingança, ressentimento ou desejo de punição, ele ultrapassa os limites da função que lhe foi confiada. O papel do policial não é aplicar punições ou fazer justiça de maneira pessoal, mas garantir que a lei seja cumprida de modo objetivo e impessoal. O policial que se deixa levar por sentimentos de raiva ou frustração pode usar sua posição de autoridade para prejudicar outros, em vez de proteger e servir à sociedade. O senso de justiça distorcido, nesse contexto, é alimentado por um desejo de retaliação ou pela ideia de que ele tem o direito de agir de maneira autoritária, sem prestar contas à lei.

Além do mais, a falta de compreensão ou o desinteresse pelo que realmente constitui a justiça pode ser um fator agravante. O policial deve estar bem informado sobre os direitos humanos, as leis e os procedimentos legais que guiam seu trabalho. Quando um policial desconhece as normas que regulam sua atuação ou tem uma compreensão superficial da justiça, ele tende a agir de maneira irresponsável. Isso pode resultar em abuso de autoridade, desrespeito aos direitos civis e falhas no cumprimento da legislação. A educação e a formação contínua são essenciais para garantir que o policial tenha uma visão clara do que é a justiça e como ela deve ser aplicada, não apenas com base na letra fria da lei, mas também nos princípios que a sustentam.

O impacto de um policial com senso de justiça distorcido vai além do momento da ação errada ou injusta. Ele gera um ciclo vicioso que se perpetua, afetando a relação entre a polícia e a comunidade. A confiança na polícia diminui, e, com o tempo, as pessoas podem se sentir desprotegidas ou até hostis em relação ao trabalho policial. Isso enfraquece a eficácia da polícia como um todo, pois a cooperação da comunidade, como notoriamente conhecido, é primordial para o sucesso das operações policiais e para a segurança pública. Quando a população começa a perceber que a aplicação da lei não é justa, mas, sim, arbitrária, o relacionamento entre cidadãos e forças policiais se deteriora, tornando-se mais difícil e conflituoso.

Em conclusão, é importante compreender que um policial com um senso de justiça distorcido não somente prejudica os indivíduos que são alvo de suas ações, mas compromete toda a estrutura da polícia e, consequentemente, a sociedade. Para garantir que a polícia desempenhe seu papel de forma ética e eficaz, é essencial que o policial mantenha um compromisso inabalável com os princípios da imparcialidade, da justiça e dos direitos humanos. Isso requer não apenas uma formação sólida e constante, mas também uma introspecção contínua sobre as próprias atitudes e uma disposição para corrigir qualquer desvio em sua maneira de agir. A verdadeira justiça é aquela que não se deixa corromper pela parcialidade, pela pressa ou pela vingança, mas que se fundamenta em uma análise objetiva dos fatos e no respeito profundo aos direitos de todos os cidadãos. O policial deve ser, em última instância, um guardião da justiça, atuando sempre com discernimento, empatia e responsabilidade, para que a lei seja aplicada de forma justa e equânime, em benefício de toda a sociedade.

IGNORÂNCIA DAS LEIS

A ignorância das leis, especialmente quando se trata de um policial, é uma falha que transcende as simples limitações do conhecimento técnico. Ela vai além de um erro de formação ou da falta de acesso à informação, sendo um grave obstáculo ao bom exercício das funções públicas que um policial deve desempenhar. O policial, em sua função de agente de segurança pública, é um servidor responsável por aplicar, fazer cumprir e, muitas vezes, interpretar as normas que regem a vida em sociedade. A ignorância das leis por parte de um policial não apenas compromete sua atuação profissional, mas também põe em risco o respeito pela própria estrutura do Estado de Direito. O sistema legal, com todas as suas complexidades, deve ser a base sobre a qual as ações da polícia se sustentam, sendo o entendimento profundo das normas fundamentais para assegurar a justiça e a equidade na sociedade.

Em um primeiro plano, é impreterível compreender que as leis existem para regular a convivência social, garantir direitos e deveres e, acima de tudo, proteger as liberdades individuais e coletivas. No contexto policial, isso significa que a função do agente é mais que a simples repressão ao crime ou a manutenção da ordem pública. Ela implica uma responsabilidade imensa de atuar dentro de parâmetros legais, assegurando que nenhuma violação dos direitos dos cidadãos ocorra durante suas operações. A ignorância das leis transforma o policial de um guardião da ordem para uma ameaça à própria sociedade que ele deveria proteger. Ao ignorar a legislação vigente, o policial pode agir de maneira arbitrária, extrapolando seus poderes e prejudicando, de forma irreparável, a confiança do público nas instituições que ele representa.

A ignorância das leis, no caso de um policial, pode se manifestar de várias maneiras. Muitas vezes, um policial pode desconhecer detalhes específicos de um código penal ou civil, normas de procedimentos e até mesmo princípios que orientam a aplicação da justiça, como os direitos humanos. Essa falta de conhecimento não só pode resultar em erros em sua atuação, como também pode gerar comportamentos prejudiciais àqueles que estão sob sua responsabilidade. É importante notar que o trabalho policial é muitas vezes realizado em situações de alta pressão, onde decisões precisam ser tomadas rapidamente. No entanto, a ausência de um entendimento claro das leis torna o policial vulnerável à tomada de decisões impensadas ou mesmo ilegais, comprometendo o resultado de suas ações e prejudicando as pessoas envolvidas.

Essa falta de preparação e de educação jurídica não se limita ao desconhecimento de questões técnicas. Ao contrário, ela também envolve uma compreensão deficiente dos princípios mais amplos que sustentam o sistema legal, como a presunção de inocência, o direito ao contraditório e à ampla defesa ou mesmo a forma como os tribunais interpretam e aplicam as leis. Um policial que não tem domínio sobre esses conceitos pode se ver em uma situação onde, por exemplo, um cidadão é tratado de maneira indevida, com base em preconceitos ou suposições incorretas sobre sua culpabilidade, violando sua liberdade sem qualquer respaldo legal. O desrespeito a esses direitos fundamentais é um reflexo direto de uma formação jurídica deficiente, que compromete a atuação do policial e destrói o tecido de confiança entre a polícia e a comunidade que ela serve.

Outro ponto a ser abordado é o impacto da ignorância das leis sobre a eficácia e a legitimidade das ações policiais. Quando um policial desconhece a legislação pertinente, ele pode agir de maneira imprudente, cometendo erros que, muitas vezes, podem ser irreversíveis. A detenção de um indivíduo sem as devidas justificativas legais, a utilização indevida de força ou o abuso de autoridade podem ser frutos diretos da falta de entendimento das leis que regulam tais práticas. Nesse sentido, o desconhecimento das leis não apenas expõe a fragilidade do policial enquanto agente, mas também compromete a credibilidade de toda a instituição à qual ele pertence. A confiança pública na polícia é construída com base no conhecimento que ela tem de seus limites e responsabilidades, e a ignorância das leis enfraquece essa confiança, criando um ambiente de desconfiança e insegurança.

A credibilidade da instituição policial está diretamente ligada à competência técnica de seus membros, especialmente no que se refere ao conhecimento e à aplicação das leis. Quando a polícia não compreende os princípios jurídicos que sustentam sua ação, o público começa a questionar a legitimidade das suas operações e a sua imparcialidade. Isso pode resultar em uma maior resistência por parte da sociedade, principalmente em comunidades mais vulneráveis ou marginalizadas, que podem ver as ações da polícia como abusivas e opressivas, ao invés de protetoras da ordem pública. Esse ambiente de desconfiança só se agrava quando se percebe que o policial não tem a formação necessária para aplicar a lei de maneira justa e equânime, gerando, em última análise, um ciclo vicioso de ineficiência e hostilidade.

Outro aspecto relevante é o impacto da ignorância das leis sobre a profissão de policial em si. A formação contínua, que inclui tanto a capacitação técnica quanto a atualização constante em relação às mudanças na legislação, é fundamental para que o policial se mantenha apto a lidar com os desafios do seu trabalho. No entanto, se o policial negligencia essa atualização ou, pior, se não a considera relevante, ele se coloca em uma posição vulnerável, onde sua própria eficácia como agente de segurança pública é comprometida. Além disso, a ignorância das leis pode resultar em processos administrativos e judiciais contra o próprio policial, que, ao violar os direitos de alguém ou cometer um erro jurídico grave, pode ser responsabilizado de forma direta.

A ignorância das leis também prejudica a capacidade do policial de agir como um verdadeiro educador dentro da sociedade. Em muitos casos, o policial desempenha um papel crucial na orientação da população sobre o cumprimento das leis e sobre os direitos e deveres que os cidadãos devem respeitar. Isso é particularmente importante em comunidades mais carentes, onde o acesso à educação jurídica pode ser limitado. Se o policial não conhece as leis, como pode ele orientar os cidadãos adequadamente? Como pode ele agir para fortalecer o entendimento coletivo sobre os direitos fundamentais e as responsabilidades dentro da sociedade? A falta de um domínio jurídico adequado torna o policial incapaz de exercer essa função educativa, prejudicando o processo de formação cidadã e de integração social.

Em um contexto mais amplo, a ignorância das leis por parte dos policiais também é um reflexo da falta de investimentos em formação e capacitação profissional dentro das corporações. Isso revela uma falha estrutural no sistema de segurança pública, onde a educação jurídica contínua não é vista como prioridade. Para garantir que os policiais desempenhem suas funções de forma justa e eficiente, é necessário que se ofereça treinamento adequado e constante, com enfoque na legislação vigente, nas mudanças legais e nos direitos fundamentais. Investir na capacitação dos policiais não é apenas uma questão de aprimoramento profissional, mas uma necessidade fundamental para que o Estado de Direito seja preservado e para que a confiança da população nas forças de segurança pública seja mantida.

Em síntese, a ignorância das leis por parte de um policial não é uma falha simples, mas uma falha estrutural que compromete tanto a atuação individual do agente quanto a credibilidade da instituição que ele representa. A falta de conhecimento jurídico impede o policial de cumprir sua missão de forma justa e eficaz, desrespeita os direitos fundamentais dos cidadãos e enfraquece a relação de confiança entre a polícia e a sociedade. Para que o policial desempenhe seu papel com competência e legitimidade, é essencial que ele tenha uma formação sólida e contínua sobre as leis, normas e princípios que regem sua atividade, para que ele possa atuar com responsabilidade, imparcialidade e respeito aos direitos de todos.

DESCOMPROMISSO

O descompromisso é uma característica profundamente prejudicial dentro da atuação policial, pois atinge o núcleo da confiança que a sociedade deposita nas forças de segurança pública. Quando um policial adota uma postura descomprometida, mais uma vez, ele não apenas compromete sua própria eficácia como profissional, mas também gera uma série de consequências negativas que afetam a corporação à qual pertence e, principalmente, a população que deveria proteger. A essência da função policial está intimamente ligada ao compromisso com a justiça, com a proteção da ordem pública e com o bem-estar coletivo. A falta de compromisso enfraquece todos esses pilares e coloca em risco a integridade da instituição policial e a segurança da sociedade.

A primeira manifestação do descompromisso de um policial está relacionada à negligência no cumprimento das suas funções diárias. Conforme exposto alhures, a rotina de um policial é repleta de desafios, responsabilidades e tarefas que exigem atenção aos detalhes, disciplina e dedicação. Um policial descomprometido, no entanto, tende a se esquivar dessas obrigações, seja adiando ou ignorando procedimentos, seja não dando a devida atenção a cada situação. Isso se reflete no descuido com os documentos, a falta de acompanhamento de investigações, a ausência de protocolos de segurança e a falta de diligência nas ações de prevenção ao crime. Quando um policial negligencia essas responsabilidades, o impacto não se limita apenas à sua atuação imediata, mas reverbera para toda a estrutura de segurança pública. A polícia depende de um trabalho minucioso e contínuo, e qualquer falha em uma dessas etapas pode comprometer a segurança de toda a comunidade.

Esse descompromisso também se reflete nas ações do policial em momentos de crise ou emergência. Quando confrontados com situações de alto risco, como perseguições policiais, abordagens perigosas ou situações de reféns, um policial deve estar completamente preparado e focado, com o comprometimento necessário para agir de modo rápido e eficaz. A ausência desse compromisso, no entanto, pode resultar em reações inadequadas, hesitação ou até mesmo decisões erradas, que colocam em risco a segurança tanto dos cidadãos quanto dos próprios policiais. Um policial descomprometido pode hesitar em tomar decisões difíceis ou simplesmente optar por não se envolver em situações desafiadoras, o que pode ter consequências devastadoras. A atuação policial em momentos de crise exige coragem, foco e, acima de tudo, comprometimento com a missão de proteger a vida e a ordem pública.

Além disso, o descompromisso dentro da polícia pode enfraquecer o espírito de equipe e a coesão interna. Em uma corporação policial, o trabalho em equipe é essencial. Os policiais dependem uns dos outros para garantir a eficácia das operações, a segurança nas ruas e o cumprimento da lei. Quando um policial adota uma atitude descomprometida, ele compromete não apenas seu desempenho individual, mas também o trabalho coletivo. A falta de empenho de um membro da equipe pode causar um efeito dominó, afetando o moral dos colegas e gerando um ambiente de desconfiança e frustração. Em um cenário ideal, cada policial deve ser responsável não só por si mesmo, mas também pelo sucesso das operações e pela confiança mútua com seus companheiros. Quando isso não ocorre, a eficiência da polícia como um todo diminui, e o profissionalismo da instituição é colocado em dúvida.

A consequência mais grave de um policial descomprometido, no entanto, é o impacto que isso tem na relação da polícia com a comunidade. A confiança da população nas forças de segurança é fundamental para o funcionamento de um sistema de justiça e segurança pública eficiente. Quando um policial age com descompromisso, ele contribui para a deterioração dessa confiança. A população, ao perceber que a polícia não está comprometida com a tarefa de protegê-la e de servir com seriedade, começa a duvidar da competência e da integridade da instituição policial como um todo. Isso pode gerar uma série de problemas, como a falta de colaboração da comunidade em investigações, o aumento do sentimento de insegurança e até mesmo a marginalização da polícia em determinados bairros ou regiões. A polícia, que deveria ser vista como um bastião da ordem e da proteção, acaba sendo desacreditada por aqueles que mais precisam de sua presença.

Em um contexto mais amplo, o descompromisso dentro da polícia também mina o respeito e a autoridade da instituição. Os cidadãos têm a expectativa de que a polícia seja um modelo de dedicação, ética e seriedade. Quando um policial adota uma postura descomprometida, ele enfraquece esse modelo e, consequentemente, enfraquece o papel da polícia na sociedade. A falta de comprometimento de um único policial pode reverberar em toda a corporação, criando uma percepção pública negativa e gerando um ciclo vicioso de desconfiança. Quando a população perde a fé nas instituições de segurança pública, as consequências para a ordem social são profundas e difíceis de corrigir.

Além disso, um policial descomprometido muitas vezes negligencia o próprio desenvolvimento profissional. O trabalho policial exige constante atualização de conhecimentos, treinamento físico e psicológico, além da manutenção de habilidades técnicas e estratégicas, como tantas vezes demonstrado neste livro. O policial que se mostra desinteressado em melhorar suas competências e em acompanhar as mudanças nas leis, nas tecnologias de segurança e nas táticas de combate ao crime acaba comprometendo sua eficácia e tornando-se um profissional cada vez menos capaz de lidar com os desafios da profissão. Essa falta de evolução e empenho não só afeta a capacidade do policial de realizar seu trabalho, mas também reduz a qualidade do serviço prestado à sociedade. A polícia, para ser eficaz, deve ter profissionais altamente qualificados, comprometidos com o aprendizado contínuo e com a adaptação às novas demandas da segurança pública. Quando esse comprometimento não existe, os resultados negativos são inevitáveis.

Por fim, o descompromisso dentro da polícia gera uma consequência ainda mais grave: a deterioração dos valores éticos e morais da instituição. A função policial é, por essência, uma missão de caráter ético, pois envolve lidar com questões de justiça, direitos humanos, integridade e respeito à vida. Quando um policial se distancia de sua responsabilidade, ele também se afasta dos princípios éticos que sustentam sua profissão. A polícia deve ser um reflexo da moralidade da sociedade, uma instituição que representa a justiça e a ordem. Todavia, quando o descompromisso se torna uma característica prevalente dentro da corporação, o comportamento dos agentes de segurança se desvia desses princípios fundamentais, colocando em risco não apenas a eficiência da polícia, mas também sua legitimidade como instituição.

Em resumo, o descompromisso é uma das maiores ameaças à eficácia, à credibilidade e à moralidade da polícia. A sociedade espera que seus agentes de segurança estejam totalmente engajados em sua missão de proteger a ordem e garantir a justiça. Quando esse compromisso é negligenciado, todos saem perdendo: a polícia, os cidadãos e, acima de tudo, os próprios valores fundamentais que sustentam a segurança pública. O descompromisso é, portanto, uma falha grave que afeta a confiança pública, a coesão interna da corporação e a capacidade da polícia de cumprir sua missão de forma eficaz e ética. Por isso, é determinante que cada policial se lembre de sua responsabilidade, de sua missão e do compromisso que assumiu ao ingressar na profissão.

FALTA DE CONFIANÇA

A falta de confiança, quando observada em um policial, pode ser considerada uma das falhas mais nocivas à eficácia de suas funções, comprometendo diretamente não apenas seu desempenho individual, mas também a eficácia da corporação como um todo. Em um contexto onde a segurança pública depende da união entre os membros da força policial, da relação com a comunidade e do compromisso com a verdade e a justiça, a ausência de confiança mina esses pilares e cria um ambiente propenso ao fracasso, à ineficiência e até mesmo ao abuso de poder. A confiança é a base de todas as interações, e sua ausência destrói a base do trabalho policial, seja no plano operacional, nas investigações, na gestão de equipe, nas relações com os superiores ou com a própria sociedade.

Dentro de uma instituição policial, a confiança entre os membros da equipe é fundamental. O trabalho policial raramente é realizado de maneira isolada. Os policiais habitualmente operam em equipes, executando tarefas que demandam ação coordenada e decisões tomadas em conjunto. A falta de confiança entre os colegas pode gerar sérios problemas. Se um policial não confia em seu parceiro de trabalho, ele pode hesitar ao compartilhar informações cruciais, não cooperar durante uma operação ou, pior, desconsiderar a opinião dos outros, acreditando que sua própria abordagem é sempre a mais correta. Essa falta de confiança pode levar a falhas operacionais gravíssimas, que colocam em perigo não somente a segurança dos policiais envolvidos, mas também a da comunidade que depende deles. A confiança mútua é necessária para que cada policial se sinta apoiado e seguro para tomar decisões em ambientes de alto risco, sem temer ser desautorizado ou prejudicado por seus colegas.

Ademais, a confiança entre policiais e superiores é essencial para a hierarquia e o bom funcionamento da instituição. Quando um policial não confia na liderança, as ordens e os direcionamentos podem ser desconsiderados ou desrespeitados. A falta de confiança na direção da corporação pode também levar a uma quebra da disciplina, gerando resistência a políticas e procedimentos institucionais. Isso não apenas prejudica a implementação de estratégias e táticas de segurança pública, como também enfraquece a moral da equipe, já que um ambiente de desconfiança pode fomentar um sentimento de desmotivação e de impotência entre os policiais. O superior, por sua vez, deve ser alguém que inspire respeito e confiança, pois sua autoridade depende do seu comportamento ético e de sua capacidade de liderar com justiça e transparência.

A confiança é igualmente indispensável para a relação da polícia com a sociedade. Quando a população não confia na polícia, ou quando sente que a polícia não age em seu melhor interesse, a eficácia das forças de segurança é gravemente comprometida. A confiança do público nas ações da polícia é decisiva para garantir a cooperação da comunidade na prevenção de crimes e na resolução de casos. A população deve acreditar que, ao se envolver com os policiais, seus direitos serão respeitados, suas queixas ou denúncias serão tratadas com seriedade e que a polícia está comprometida com a justiça, e não com interesses próprios ou com abusos de poder. Se a confiança entre a polícia e a sociedade for rompida, o impacto é profundo e duradouro. Não é demais lembrar que, neste cenário, a colaboração da comunidade nas investigações diminui, as informações se tornam escassas e as autoridades enfrentam maior resistência em seu trabalho. Uma desconfiança generalizada pode gerar um ciclo vicioso: a população se afasta, a polícia se torna mais isolada e a criminalidade pode crescer, alimentando ainda mais a sensação de insegurança.

A confiança no próprio trabalho também é crucial para o policial. Quando um policial não confia em sua capacidade de agir corretamente ou de tomar decisões adequadas, ele pode hesitar em momentos críticos, colocando-se em perigo, bem como aos outros ao seu redor. Um policial inseguro sobre seu próprio julgamento ou que questiona constantemente sua formação e habilidades se torna mais vulnerável ao estresse, à tomada de decisões impulsivas ou equivocadas e ao medo de errar. Isso compromete sua eficácia e pode resultar em situações mal resolvidas, em que a ação necessária não é tomada no momento adequado, colocando em risco a segurança pública e a integridade das operações. O trabalho policial exige decisões rápidas e bem fundamentadas, e a confiança no próprio julgamento é vital para garantir que o policial seja capaz de tomar decisões corretas, mesmo sob pressão.

A falta de confiança também pode abrir espaço para comportamentos negativos dentro da instituição. Um policial que não confia no sistema de justiça pode começar a questionar a validade das leis, dos procedimentos legais ou da imparcialidade do sistema. Esse tipo de desconfiança pode levar a distorções no julgamento ético, com o policial começando a agir com base em seus próprios valores, ou até a violar normas estabelecidas. A confiança na justiça e nas instituições é essencial para que o policial mantenha uma conduta íntegra e dentro dos limites da legalidade. Se ele não acredita na legitimidade de seu trabalho ou no sistema que representa, isso pode levá-lo a adotar atitudes de desrespeito, desobediência ou até corrupção. O risco de um policial se afastar do código de ética da profissão aumenta consideravelmente quando ele sente que sua missão ou os princípios do trabalho policial não são respeitados dentro da própria corporação.

Da mesma forma, a confiança no ambiente de trabalho está intimamente ligada ao bem-estar psicológico dos policiais. A insegurança emocional gerada pela falta de confiança pode resultar em estresse crônico, ansiedade e depressão. A pressão constante, quando combinada com a falta de apoio e reconhecimento dentro da corporação, pode levar os policiais a se sentirem desvalorizados e incapazes de lidar com os desafios diários. A falta de confiança nas estruturas de apoio, na liderança ou em seus próprios colegas pode transformar o trabalho policial em um fardo, reduzindo a motivação e o compromisso com a missão. A confiança mútua e institucional é, portanto, um antídoto contra o estresse e o desgaste emocional, ajudando a criar um ambiente de trabalho mais saudável e mais eficiente.

A confiança também se reflete na capacidade de agir com ética e imparcialidade. Quando o policial confia em sua formação e no código ético da profissão, ele é mais capaz de agir de acordo com os princípios de justiça, tratando todos os cidadãos com o respeito e a dignidade que merecem, sem permitir que preconceitos ou julgamentos pessoais influenciem suas decisões. Em um ambiente de desconfiança, é mais fácil para o policial agir de forma parcial ou injusta, comprometendo a equidade no tratamento dos cidadãos. A confiança é a chave para garantir que a polícia sirva a todos de maneira justa e imparcial, o que, por sua vez, reforça a legitimidade da instituição diante da sociedade.

Em última análise, a falta de confiança não é apenas um defeito individual de um policial, mas um problema que afeta toda a estrutura da polícia e a sociedade como um todo. A confiança é a fundação sobre a qual toda a eficácia, credibilidade e integridade de um policial são construídas. Quando essa confiança é quebrada, as consequências são vastas e de longo alcance, afetando o desempenho do policial, a coesão dentro da corporação e a relação com a comunidade. Para garantir um trabalho policial eficiente, ético e justo, é imperativo que a confiança seja cultivada, mantida e reforçada em todas as dimensões da atuação policial. A confiança, tanto em si mesmo quanto nos outros, é a força que sustenta a missão de proteção e justiça que a polícia se propõe a cumprir.

MÁ INFLUÊNCIA

A má influência dentro de uma corporação policial é uma das forças mais corrosivas que podem comprometer profundamente a eficácia, a ética e a confiança da sociedade na instituição. A natureza dessa influência é traiçoeira, pois ela não se manifesta de forma clara ou imediata, mas se espalha lentamente, corroendo os alicerces de uma polícia que, em sua essência, deveria ser sinônimo de ordem, justiça e proteção. Quando um policial é mal influenciado por comportamentos e atitudes erradas, isso afeta não apenas o seu desempenho individual, mas também toda a dinâmica da equipe, prejudicando o funcionamento coletivo da instituição e comprometendo a segurança da sociedade. O impacto dessa má influência se estende para as operações diárias da polícia, a maneira como a comunidade a percebe e, o mais grave, as práticas que se tornam cada vez mais comuns e aceitas dentro do ambiente policial.

Uma das primeiras consequências de uma má influência é a alteração do julgamento e da postura ética do policial. A polícia, enquanto instituição encarregada de fazer cumprir a lei e de proteger os direitos dos cidadãos, exige que seus membros possuam uma conduta irrepreensível e uma sólida compreensão das normas legais e dos direitos humanos. No entanto, se um policial é influenciado por práticas incorretas, como a corrupção, o abuso de poder ou a falta de respeito pelos direitos das pessoas, ele pode começar a interpretar seu papel de maneira distorcida, negligenciando as responsabilidades que deveria assumir. Ao invés de se preocupar com a justiça e a equidade, um policial mal influenciado pode se deixar guiar por interesses pessoais, preconceitos ou, até mesmo, por um sentimento de impunidade que surge quando ele observa comportamentos similares entre seus colegas ou superiores.

O impacto da má influência não se limita apenas ao comportamento de um policial individualmente, mas tem a capacidade de se espalhar por toda a corporação. Quando um policial adota atitudes erradas e impõe essas práticas aos colegas, um ciclo de contágio começa. Esse ciclo pode ser perpetuado, muitas vezes, por superiores hierárquicos que, em vez de corrigir esses comportamentos, acabam alimentando-os ou ignorando-os, criando um ambiente onde práticas antiéticas são vistas como aceitáveis ou, no pior dos casos, necessárias para o bom funcionamento da instituição. Esse tipo de ambiente favorece a corrupção, a falta de disciplina e a desvalorização dos princípios fundamentais que norteiam o trabalho policial, tornando difícil a recuperação da credibilidade e da confiança pública.

Dentro de um contexto mais amplo, a má influência entre policiais também pode afetar diretamente as interações com a comunidade. Os cidadãos, ao perceberem que os policiais estão sendo mal influenciados ou que agem de maneira contrária ao seu treinamento e aos princípios da justiça, tendem a desenvolver uma desconfiança crescente em relação à força policial. A atitude de um policial que se deixa levar por comportamentos imorais, como o uso excessivo da força ou atitudes discriminatórias, contribui para o distanciamento entre a polícia e a sociedade. Isso gera uma sensação de insegurança e falta de proteção por parte dos cidadãos, especialmente nas comunidades mais vulneráveis, que podem se sentir perseguidas ou injustiçadas pelos agentes da lei.

Além disso, a má influência pode gerar uma distorção do senso de justiça. Os policiais têm o dever de tratar todos os cidadãos com imparcialidade, respeito e dignidade, sem discriminar ou agir com base em suas próprias crenças pessoais ou preconceitos. Contudo, quando a corporação se vê contaminada por práticas como a intolerância ou o abuso de poder, muitos policiais acabam tratando os cidadãos com base em estereótipos ou julgamentos errados. O desrespeito por essas diretrizes éticas não só compromete a atuação do policial, mas também coloca em risco a efetividade das ações de policiamento e a aplicação justa da lei. A confiança da sociedade é corroída quando os cidadãos percebem que não podem esperar ser tratados de maneira justa ou equânime por aqueles que juraram proteger a lei.

Outro aspecto fundamental a ser destacado é que a má influência pode resultar em uma perda de motivação entre os policiais. Quando o ambiente interno da polícia se torna contaminado por práticas incorretas e atitudes desonestas, a moral de muitos policiais começa a se desgastar. Aqueles que realmente prezam pela ética e pelo cumprimento da lei começam a perceber que suas atitudes corretas e sua integridade são, muitas vezes, desvalorizadas em favor daqueles que agem de maneira antiética, mas que têm uma posição de influência. Isso gera um ciclo de desilusão e desmotivação que enfraquece ainda mais a corporação. Policial que se sente desestimulado ou ignorado por seguir os princípios de justiça pode se afastar da sua verdadeira vocação, tornando-se menos eficiente e comprometido com a segurança pública.

A influência negativa também tem o potencial de afetar diretamente a própria saúde mental do policial. A constante exposição a comportamentos errados, como corrupção ou violência desnecessária, pode gerar um profundo estresse psicológico. O policial que trabalha em um ambiente onde as más práticas são aceitas pode desenvolver um ceticismo extremo e até mesmo um trauma emocional, que impacta sua capacidade de tomar decisões racionais e de atuar de forma eficaz em situações de risco. Além do mais, a ausência de apoio institucional para lidar com essas influências pode gerar um isolamento emocional do policial, que se vê cada vez mais desconectado dos valores de sua profissão.

Em última análise, a má influência no interior de uma instituição policial cria uma situação de ciclo vicioso, onde práticas imorais e antiéticas são constantemente perpetuadas. Isso afeta a polícia como um todo, tornando-a incapaz de realizar sua função de maneira justa e imparcial. A solução para esse problema exige um esforço contínuo e coletivo por parte da liderança policial, dos órgãos de controle externo e da sociedade como um todo. É fundamental que a polícia esteja comprometida com a transparência, com a educação constante em ética e direitos humanos e com a promoção de uma cultura interna que favoreça o respeito à lei e à dignidade humana. Apenas desse modo será possível reverter o impacto da má influência e restaurar a confiança da sociedade, garantindo que a polícia desempenhe seu papel de proteger e servir de forma eficiente, justa e honrosa.

Por fim, a verdadeira força de uma polícia reside na sua capacidade de manter a integridade, agir com justiça e proteger os direitos dos cidadãos. A má influência é uma ameaça à base dessas qualidades fundamentais. Para garantir que uma polícia seja digna de sua missão, é imperativo que seus membros sejam guiados por valores éticos sólidos e por um compromisso inabalável com a justiça.

CONCLUSÃO

Ao concluir a leitura de *O que Torna um Policial Desprezado?*, chegamos ao final de uma jornada profunda e reflexiva, que não só expôs os erros que podem comprometer a imagem de um policial, mas também ofereceu uma análise crítica e construtiva sobre como tais comportamentos podem ser evitados e corrigidos. Este volume, ao lado de *O que Torna um Policial Admirado?*, forma um estudo abrangente e complementar sobre o papel crucial do policial na sociedade, destacando tanto as qualidades que devem ser cultivadas quanto os erros que precisam ser corrigidos. O verdadeiro entendimento do impacto que um policial exerce sobre a comunidade só pode ser alcançado quando ambos os lados – o admirável e o desprezível – são explorados e compreendidos em sua totalidade.

Este livro não se limita a apontar falhas, mas a refletir sobre elas de maneira que incentive o aprimoramento pessoal e institucional. Através de uma análise cuidadosa das atitudes que geram desconfiança, desprezo e hostilidade, procuramos proporcionar ao leitor uma base sólida para a construção de uma carreira pautada pela ética, pela empatia e pela integridade. Ao mesmo tempo, buscamos destacar que o respeito e a credibilidade de um policial não são aspectos isolados, mas resultam de uma série de comportamentos e escolhas diárias, desde o tratamento com a comunidade até o modo como se lida com o poder que é conferido a quem veste a farda.

A reflexão trazida por este livro, assim como no primeiro volume, é uma contribuição para o aprimoramento contínuo de todos aqueles que têm a honra de servir à sociedade, seja no âmbito policial ou em qualquer outra profissão de relevância pública. A compreensão das falhas que podem levar ao desprezo deve ser encarada como uma oportunidade de crescimento, e não como uma condenação. Todos nós, enquanto membros de uma sociedade que busca mais justiça, transparência e equidade, temos o dever de refletir sobre nossos comportamentos, de entender as consequências de nossas ações e de buscar a constante evolução em nossa prática profissional e pessoal.

Este livro, assim como o anterior, não visa apenas a polícia, mas sim toda a sociedade. Pois, afinal, a relação entre o policial e a comunidade é baseada na confiança mútua. Um policial admirado é aquele que, ao agir com integridade, respeito e empatia, conquista essa confiança. Mas o oposto também é verdadeiro: um policial desprezado é aquele cujas ações e comportamentos comprometem a confiança que a sociedade deposita nele. Dessa forma, ao refletirmos sobre as falhas, também refletimos sobre a necessidade de transformar a realidade da polícia e da sociedade para algo mais justo e harmônico.

Gostaria de expressar minha sincera gratidão a você, leitor, por ter acompanhado esta jornada reflexiva e enriquecedora. Sua dedicação à leitura deste livro é um passo importante em direção à construção de um entendimento mais profundo sobre o papel da polícia na sociedade, suas virtudes, seus desafios e, principalmente, suas responsabilidades. Ao longo desta obra, buscamos não apenas expor comportamentos prejudiciais, mas também oferecer sugestões construtivas para que possamos construir, juntos, uma corporação policial mais respeitada, eficiente e humana.

Sua reflexão sobre os temas abordados e a disposição para aplicar esse aprendizado na prática, não só beneficia a carreira policial, mas também a sociedade como um todo. Este não é um fim, mas sim um ponto de partida para um processo contínuo de aprimoramento, tanto pessoal quanto profissional. Que este livro, assim como seu irmão gêmeo, *O que Torna um Policial Admirado?*, tenha servido como um guia e uma provocação para que você, leitor, continue sua jornada em direção à excelência, com a certeza de que os erros do passado podem ser corrigidos, mas, mais importante ainda, as virtudes podem ser cultivadas e preservadas para um futuro mais justo e digno.

O convite, portanto, permanece: que você, ao terminar este volume, se dedique igualmente a compreender as virtudes que tornam um policial admirado. A combinação de ambos os livros proporciona uma visão holística e equilibrada sobre o que é ser um bom policial, aquele que, por meio de suas ações, constrói não apenas sua carreira, mas também um ambiente de confiança e respeito. Agradeço por sua companhia nesta reflexão e espero que, com os aprendizados aqui adquiridos, você continue sua jornada com coragem, integridade e, acima de tudo, com a certeza de que cada pequeno gesto conta na construção de uma polícia e uma sociedade mais justas e éticas.

BIBLIOGRAFIA

ACHOR, Shawn. O Jeito Harvard de Ser Feliz: o curso mais concorrido de uma das melhores universidades do mundo / Shawn Achor; tradução: Cristina Yamagami. São Paulo: Saraiva, 2012.

BRENE, Cleyson; LÉPORE, Paulo. Manual do Delegado de Polícia Civil: Teoria e Prática. 5ª ed. rev., atual. e ampl. Salvador: Editora JusPodivm, 2017.

CARVALHO, Matheus. Manual de Direito Administrativo. 8ª edição, revista, ampliada e atualizada. Salvador: Editora JusPodivm, 2021.

COVEY, Stephen. Os 7 Hábitos das Pessoas Altamente Eficazes / Stephen Covey; tradução: Alberto Cabral Fusaro, Márcia do Carmo Felismino Fusaro, Claudia Gerpe Duarte e Gabriel Zide Neto; consultoria: Teresa Campos Salles. 61ª ed. Rio de Janeiro: BestSeller, 2017.

DUHIGG, Charles. O Poder do Hábito: Por que fazemos o que fazemos na vida e nos negócios / Charles Duhigg; tradução: Rafael Mantovani. Rio de Janeiro: Objetiva, 2012.

FRANÇA, Genival Veloso de. Medicina Legal. 10ª edição [reimpressão]. Rio de Janeiro: Guanabara Koogan, 2016.

GOLEMAN, Daniel. Inteligência Emocional: a teoria revolucionária que define o que é ser inteligente / Daniel Goleman. Rio de Janeiro: Objetiva, 2012.

LENZA, Pedro. Direito Constitucional Esquematizado. 22ª edição. São Paulo: Saraiva, 2018.

LIMA, Renato Brasileiro de. Manual de Processo Penal: Volume Único. 8ª edição, revista, ampliada e atualizada. Salvador: Editora JusPodivm, 2020.

LIMA, Renato Brasileiro de. Legislação Criminal Especial Comentada. Volume Único. 8ª edição, revista, ampliada e atualizada. Salvador: Editora JusPodivm, 2020.

MASSON, Cleber. Direito Penal: Parte Especial (artigos 121 a 212). Volume 2. 14ª edição. Rio de Janeiro: Forense; MÉTODO, 2021.

MASSON, Cleber. Direito Penal: Parte Especial (artigos 213 a 359-H). Volume 3. 11ª edição. Rio de Janeiro: Forense; MÉTODO, 2021.

MASSON, Cleber. Direito Penal: Parte Geral (artigos 1º a 120). Volume 1. 15ª edição. Rio de Janeiro: Forense; MÉTODO, 2021.

MENDES, Gilmar Ferreira; BRANCO, Paulo Gustavo Gonet. Curso de Direito Constitucional. 12ª edição, revista e atualizada. São Paulo: Saraiva, 2017.

PENTEADO FILHO, Nestor Sampaio. Manual Esquemático de Criminologia. 4ª edição. São Paulo: Saraiva, 2014.

PRETI, Bruno Del; LÉPORE, Paulo. Manual de Direitos Humanos. Salvador: Editora JusPodivm, 2020.

ROBBINS, Anthony. Desperte seu Gigante Interior / Anthony Robbins; tradução: Haroldo Neto, Pinheiro de Lemos. 31ª ed. Rio de Janeiro: BestSeller, 2017.

ROCHA, Alison. Prova Oral para Delegado de Polícia: Estratégias e Técnicas Argumentativas. 2ª ed. rev., atual. e ampl. Salvador: Editora JusPodivm, 2019.

TÁVORA, Nestor; ALENCAR, Rosmar Rodrigues. Curso de Direito Processual Penal. 12ª edição, revista e atualizada. Salvador: Editora JusPodivm, 2017.

VADE MECUM JUSPODIVM. 11ª edição, revisto, atualizado e ampliado. São Paulo: Editora JusPodivm, 2022.

VIANA, Eduardo. Criminologia. 8ª edição. Salvador: JusPODIVM, 2020.

ZANOTTI, Bruno Taufner; SANTOS, Cleopas Isaías. Delegado de Polícia: Teoria e Prática no Estado Democrático de Direito. 7ª ed. rev., atual. e ampl. Salvador: Editora JusPodivm, 2021.

SOBRE O AUTOR

WALLY SANTOS é graduado em Direito pelo Instituto de Ensino Superior de Rio Verde, pós-graduado em Direito Penal pelo Instituto Damásio de Direito e pós-graduando em Ciências Criminais pela Faculdade CERS. Nasceu em 11 de julho de 1989 na cidade de Maurilândia, mas foi criado no diminuto município vizinho, também do Estado de Goiás, chamado Castelândia. Está presente no ***Instagram** @**wally.a.santos*** e no ***X** @**WallyASantos***.

www.ingramcontent.com/pod-product-compliance
Lightning Source LLC
Chambersburg PA
CBHW031920240526
45464CB00021B/607